江戸・東京下町の歳時記

荒井 修
Arai Osamu

a pilot of wisdom

目次

はじめに 8

一月 11

大晦日から元日へ／元日の過ごし方／正月の商い／
事始めのいろいろ／七草から二十日正月、正月の終わり／
藪入り／正月の子供の遊び

二月 39

二日灸／節分と立春／針供養／初午／梅見

三月 51

桃の節句／春の彼岸／花見／吉原の桜／潮干狩り／初鰹／
六阿弥陀めぐりと七福神めぐり／三月の弥生歌舞伎

四月――衣がえと花祭り／札所めぐり／半纏の匂い／春の食べ物――73
五月――団十郎の朝顔／端午の節句／男女が交わってはいけない日／夏祭り／三社祭／川開き――85
六月――衣がえ／山開きとお富士さん／氷室開き／大山参り／家の中の景色が変わる――103
七月――七夕と井戸さらい／四万六千日／江戸のお盆／――121

夏土用と暑気払い／夏を越す

八月 133
八朔／夏のレジャー／水着／
中秋の名月――十五夜、十三夜と月待ち／
納涼歌舞伎と寄席／夏の食べ物

九月 155
台風／重陽の節句／秋祭り／秋の彼岸とハゼ釣り

十月 167
炉開きと炬燵開き／亥の子餅／べったら市／秋の食べ物／
江戸職人の経済

十一月 181

ふいご祭り／七五三／歌舞伎の顔見世／お酉様と吉原／千躰荒神祭

十二月 193

煤払い／歳の市と正月飾り／冬至祭りと除夜の鐘／冬の食べ物

おわりに 205

構成／市川瑛清
イラスト／藤原ヒロコ
本文デザイン／坂巻治子

はじめに

　あたしが生まれた昭和二十三年ころは、まだ戦災の爪あとが深く、東京中が仮住まいのバラックだらけだったそうです。それでも物心のつく三、四歳のころになると本建築の家が建ち始め、あたしの家にも大工さんが入り、その大工さんの弁当箱の大きかったことを今でも覚えています。

　あたしは浅草で三代続く扇子屋に生まれましたが、戦時中に踊りを踊っている人などいるわけもなく、扇子なんかそうそう売れるものではありません。当時は仕入れられるものならなんでもということで、万年筆からおもちゃの刀まで売っていたというのだから、祖父やおやじたちの苦労は相当のものだったと思います。

　それでもやっと本職に戻れたことが、家族を明るくさせてくれたんでしょうね。浅草にはいろいろな職人さんもいて、子供のころのあたしはそんなおじさんたちの話を聞いているのが大好きでしたから、自然と粋《いき》だの野暮だのということのわずかな違いを覚えてしまい、随分生意気なことも言っていたそうです。芸者衆は来るし、噺家《はなしか》さんは来る、歌舞伎の役者さんたちとも自然に知り合いになるし、幇間《ほうかん》の師匠連中までも話しかけてくれるようになるんですから、普通の子供に育つわけはありません。

下町の常として、年間の行事は非常に大切なものです。「そろそろあれの準備にかからなきゃいけないね」なんて大人に言うと、「おや、よく覚えていたね」と褒められるんで、季節感にはますます敏感になっていきます。四季の移ろいというか、歳時記なんていうものはそれ自体が文化ですから、覚えておかなきゃ大人との話にはついていけないんですね。

この本は、あたしの生まれ育った下町と、江戸時代からの歳時記を加えて綴《つづ》ったものです。もちろん下町とは、江戸城から江戸湾に向かった日本橋あたりから人形町方面をさした言葉で、江戸時代でいうところの浅草は下町エリアではありません。けれども庶民の町で江戸一番の盛り場ですから、下町文化という点では、この地のあれやこれを下町の歳時記とすることには間違いはないと思います。

それから、歳時記を語る上で難しいのは旧暦と新暦。つまり、今と季節が違うときがある。年賀状に「初春」と書くように、昔の暦では一月、二月、三月が「春」で、四月、五月、六月が「夏」、七月、八月、九月が「秋」で、十月、十一月、十二月が「冬」となる。たとえば八月は秋の真ん中ですから、八月の月は中秋の名月となり、いわれてみればどもっとも、となるわけですが、突然「七月は秋」なんて言われたら、面食らったりするでしょう。

明治五年の暮れに改暦が行われてからは、誤差がなくなっていますから、今様に考えられるのですが、改暦前は大の月が三十日、小の月が二十九日だから一年で十一日か十二日もずれてくる。「閏月《うるうづき》」（季節と暦がずれるのを防ぐために加えられる月）で調節しても、極端なときでは一ヵ月違うっていうんですから、子供にはついていけませんよね。

けれど今、あたしはそんな知識や知恵を教わることができた環境に育ったことに、感謝しています。なんていったって自然を楽しみ、言い伝えや人の優しさ、願いを歳時記に込めることを学べたんですから。

子供時代に教え込まれた最後の江戸の匂いを、どこまで伝えられるかわかりませんが、どうぞ読んでみてください。

一月

■大晦日《おおみそか》から元日へ

「女房《にょうぼう》も同じ氏子や除夜詣《じょやもうで》」という初代中村吉右衛門《きちえもん》の句があります。なんともいえない良い風情だと思うんだが、大晦日の紅白歌合戦を観て、すぐに明治神宮や浅草寺《せんそうじ》に初詣なんていっていたら、この句の良さがわからないね。

だいたい初詣というのは、初日が昇ってから普段着ではない着物を着て、大きな神社仏閣やその年の恵方《えほう》（吉の方角）にあたる神仏にお参りに行くものです。大晦日の日没から元日の日の出までに、普段着のまま自分の氏神様にお参りすることは「除夜詣」というんです。だから、この句から、年越しの準備を終えた夫婦がそのままの服装で、氏神様にお参りに行く情景が見えてくる。着慣れない着物でよたよた歩いていく初詣より、よっぽど色っぽいと思うんだけどなあ。

そもそも除夜の鐘なんていうものは、いつごろから始まったのかはっきりしないんです。十一時から一時までを九つ刻といって、九つ鐘をつく。これを過ぎると九の倍数で十八。これだけど十八もつくとうるさくてしょうがないから、十の位をとって八つつきます。これが八つ刻。その次が九の三倍、二十七で、二十をとって七回つく。それを延々と百八つもつくって、そんなのはおかしいだろう。

この百八は煩悩の数だそうですが、江戸ではその前に必ず捨て鐘というのを三つつく。聞くほうは、それで数える準備ができるんだね。だから、除夜の鐘は全部で百十一ついてるわけだけど、遠くの方で数えていると、「おい、百八越えたぞ」なんて、捨て鐘の分まで数えてたりなんかする。

今は時報が「チッ、チッ、チッ、ポーン」っていうでしょ。この「チッ、チッ、チッ」は捨て鐘三つの名残《なごり》なんです。外国なんかだと、音楽がかかってから時報が鳴ったり、いきなり時報になったりするでしょ。あのチッチッチッっていうのは日本だけですよ。

そんなわけで、江戸時代は、陽《ひ》が昇って初めて初詣なんです。夜中の十二時を過ぎた段階というのは、まだ晴れ着を着ちゃいけない。だから仕事着のまんま、木綿の着物のまんまで、そんな大層な神社仏閣に行くんじゃなくて、氏神様やなんかのところへ、「今年一年ありがとうございました」とお参りする。あたしの場合は浅草の三社様であり、観音様ですから、除夜詣とはいっても、でかいところになっちゃうんだけどね。

除夜といえば、あたしの子供のころは「大晦日の晩に寝る奴ばかだ」なんてことを言われて、大晦日の晩は寝ないで、なんとか我慢する。だって除夜ということは、夜を除くんだから、この日は寝ちゃいけない。だから一生懸命我慢するんだけど、いつの間にか寝ちゃう。それで朝になって、初日の出がぱーっと上がると、「御慶」ということになる。御慶、最近はあんまりいいませんね。年賀状でも「あけましておめでとうございます」とか、「迎春」なんて書く。

ここで初めて絹物に着替えることを「お蚕ぞっき」といいます。きのうまでは「木綿ぞっき」だったのが「お蚕ぞっき」に替わる。「ぞっき」というのは「すべて揃い」のこと。全部お蚕。もう、ふんどしからなにから全部絹物ですね。それで、ちょいと離れているけど大きな神社仏閣にお参りに行くと。これが除夜詣に対して初詣なんです。当時は、普段着とよそ行きに分けるんじゃなくて、仕事着と外出用に分けていました。

ちなみに、初詣は七草まではお墓のあるお寺には行きません。神社がメインです。浅草寺にはお墓がないでしょう。江戸っ子って、日本でいちばん縁起を担ぐんですよ。たとえばすし屋では塩を「波の花」といったり、醬油《しょうゆ》を「紫」と呼んで、死に通じることから「し」という言葉を使わない。だから、初詣に行くときも縁起を担ぐ。

それから、お雑煮を食べるときは、「ふーっ」と吹いてはいけません。「福徳が逃げていく」といって、いくら熱くても息を吹きかけて冷ましたりしちゃいけないんだね。

■元日の過ごし方

元日の朝は、お屠蘇《とそ》でもってお祝いをします。お屠蘇、あまりおいしくはないですな。屠蘇散をみりんや酒に浸した甘ったるいやつ。とろとろ、口の中にいつまでも残るんだ。これをいただいて、お雑煮が出る。

雑煮といえば、ハゼ雑煮です。前の年の秋の彼岸の過ぎたころにハゼを釣っておいて、内臓を出して、網で炙《あぶ》る。炙ったやつを今度はからからに干しておく。これを、さらしの袋の中に入れてだしをとります。いっしょに入れるのは、餅《もち》と小松菜となるといと鶏。そこに柚子《ゆず》をちょいと入れて、これが江戸前の雑煮です。餅は切り餅ですよ。四角い餅。丸餅なんていうのは、上方のものです。芝居や映画で二十五両包みや五十両包みになった小判を切り餅っていいますが、一般的には一分銀や二分金など四角い銭を並べ積んで角包みにするんです。だから切り餅なんですね。小判は大金すぎて使いにくいんです。

お雑煮なんかをいただいたら、初詣や恵方参りに行きます。「今年は方角的にはあっちがいいんだよ」なんて言うと、そっちへ行くんだね。それから「流行《はや》り神」といって、たとえば、「どうも最近は火事が多いね」「じゃあ火伏せの神、秋葉様の方へ行こう」とか、「こんな病気が流行ってますよ」「じゃあ薬師様へ行こう」というふうに、今流行っている病気だとか、物事をしずめていただくために行くんです。

それからお年始があるわけですよ。親戚のところをぐるっとまわってくる。うちの場合だと台東区内が多いんだけど、麻布のおばちゃんだとか、恵比寿のおばちゃんだとかがいる。そういうところはちょっと遠いから、普段なかなかご無沙汰《ぶさた》しているんだけど、「あっ、来たよ。地内《じない》がお年始に来てくれましたよ」なんてことを言われる。地内というのは、境内地内のことです。あたしの家は浅草寺境内地内ですから、「地内の荒井」といったらうちのことになる。親戚は、荒井さんが多いからね。

今では、あたしのお年始コースもだいぶ変わってきた。というのは、歌舞伎界のご贔屓《ひいき》様たちから、控半纏《はんてん》とかお出入半纏（お出入りのご贔屓からもらう半纏）をいただくようになってからは、それを着てお宅にお年始に行くようになったんですね。その半纏は紬《つむぎ》や羽二重を染めたもので、襟にはあたしの店の屋号、紋付でいう紋の位置には役者の名前が入っていて、背の大紋が役者の紋の染めぬきになっている。

特に歌舞伎界は二日が初日だから、元日しか正月気分でいられない。役者さんたちは毎年、お弟子さん共々新年会を行っていますが、長時間にわたって飲んだあと、中村勘三郎丈宅では皆で投扇興大会をやって勝者には勘三郎丈からご褒美がもらえます。あたしは行司を仰せつかるので投げることはできませんがね。で、そこから坂東三津五郎丈宅へ向かうときには、いつもすっかり酔っ払っちゃうんだな。扇子屋ともあろうものが、新年早々、坂東流家元のお宅で酔っ払ってるなんて図々しいにも程がありますが、なぜか良いお付き合いをさせていただき、ありがたいことだと思っています。

子供のころはお年始に行くと、そこで「お年玉」をもらう。年玉というのは、新しい年の始めに戸主や年長者から賜るものということで、ほんとうはお金である必要はない。江戸時代は町人は扇子を、武士は太刀を渡したと聞いています。それが、いつの間にかお金で済ますようになるんだね。

お年始からちょいと早めに帰ってくると、そこにはいろいろとお重が並んでいて、おせち料理がある。なますや田作り、きんとん、かまぼこ、黒豆、里芋、伊達《だて》巻き、数の子、昆布巻き、小鰭《こはだ》の粟《あわ》漬け、なまこの酢の物などいろんなものをいただいて、大人はそれでもって飲んだりする。

これは節供《せちく》といって、正月に限らず節句のお供え料理ですが、ここから「おせち」という言葉が生まれた。おせち料理って、そんなに古い習慣じゃないんですね。江戸末期からといわれています。いろいろな意味が込められていて、たとえば黒豆は「まめに暮らす」、数の子は「子孫繁栄」、伊達巻きは伊達政宗公の好物だったという説もあり、華やかなお祝いの席にふさわしいものなんです。

余談だけど、なまこの酢の物はあたしの大好物で、子供のころは正月になるとなまこを大量に買うんです。東京ではそのまま切って、鷹《たか》の爪と一緒に二杯酢に漬けておく。そして、いざお膳《ぜん》に持ってくるときには酢を切って、柚子の皮を刻んだのをかけて、今度は三杯酢をかけて出す。切ったときに中から出しておいたこのわたも、三杯酢につけて、つるつるっといくんだけどね。

上方の料理屋さんなどへ行くと、「茶ぶり」というのをやるんです。なまこを切ると内側に白い膜があるから、それを骨抜きで剝《は》ぐ。これを、番茶とかほうじ茶をぐらぐら沸かしたところにくぐらせる。こうすると歯切れが良くなって、さくさくとした食感になるの。もっとも、茶ぶりをやると身が縮んじゃうので、もったいないからしなくていい、なんて言う人もいるんだけど、上方の料亭などでは、必ず茶ぶりをするもんです。

■正月の商い

だいたい、正月に働こうなんていうのはだめだ。元日から働いている職人なんて、ろくなもんじゃない。よっぽど腕がないんだろうとか、普段仕事がないんだろうと言われるんですね。江戸時代は正月は働いちゃいけない。

働いていいのは「お宝売り」。お宝というのは、宝船と回文が描かれた絵のことです。宝船は災いを海の彼方へ運び、そして福徳を運んでくる船。七福神が乗っているでしょう。

お宝とお宝売り

浅草槐（えんじゅ）の会で
配られている「お宝」

「お宝、お宝」と言いながら売
り歩くお宝売り。現在では神社
や商店街などで配られている

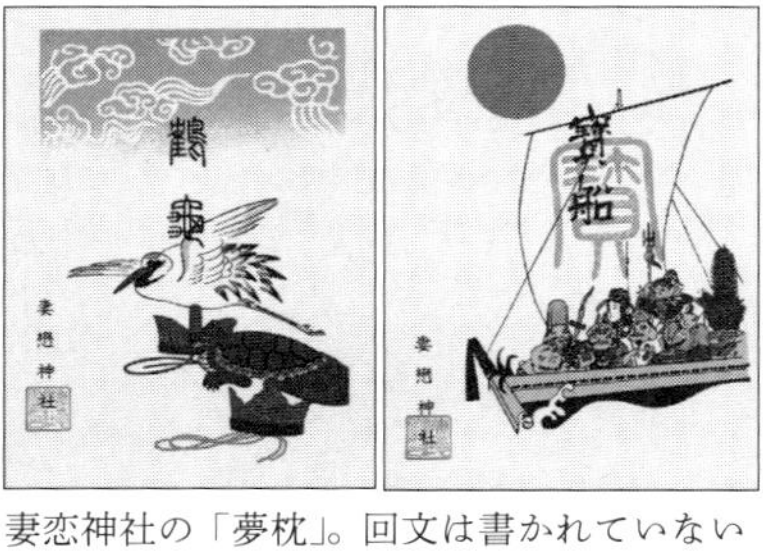

妻恋神社の「夢枕」。回文は書かれていない
が、一月二日にこの二枚をいっしょに枕の下
に入れて寝ると、縁起のいい初夢が見られる
という（版元：お茶の水・おりがみ会館）

縁起物だね。そこに、たとえば「長き夜の遠の眠りの皆目ざめ波乗り船の音のよきかな（なかきよのとおのねふりのみなめさめなみのりふねのおとのよきかな）」なんていう回文が書いてある。上から読んでも下から読んでも同じというやつね。回文は和歌になっているから、五七五七七で三十一でしょう。その和歌を三十一並べて、全部回文にしたというすごい人がいる。三十一全部で、縦に読んでも横に読んでも回文。すごいね。昔はそういう暇な人がいっぱいいました。

お宝売りはいつごろまでいたのかなあ。あたしが子供のころに、木版で刷っている人から譲ってもらったことがあったけど、いちばん盛んだったのは江戸時代でしょうね。江戸の人間は、とにかく縁起を担ぐでしょ。だからこのお宝を元日に買うんです。それで一月二日にこれを枕の下に入れると、いい夢が見られるんだ。

じゃあ初夢には、なんの夢を見たらいいでしょう。一富士二鷹三茄子《なすび》ね。たいがいそこまではみんな知っているんです。じゃあ、なんで一富士か。富士というのは富士山じゃなくて、「無事」や「不死」ということですからね。で、二鷹。鷹というのは「高みに上る」。

三茄子の茄子は「物事をなす」ということ。実がよくなることから「子孫繁栄」も意味します。

それから四番目があるんです。「四扇《しせん》」。これは扇ね。扇の夢は、「末広がり」ということなんです。五番目は「五煙草《たばこ》」。煙草の煙というのはふわーっと、こう、上がっていくんですすな。上昇気流。次は「六座頭」。「座頭」というのは目の見えないあんまさんね。座頭市の座頭。なんで座頭かというと、座頭は毛がないんだな。「おけがなくておめでたい」という、洒落《しやれ》なわけですね。

「一富士、二鷹、三茄子、四扇、五煙草、六座頭」。普通は三つしか知らないわけですから、六つ知ってると、ちょっと偉そうにできるでしょう。

それから、正月に働いたのは湯屋。銭湯のことですね。でも普通にやると、「野暮だ、なんだあいつは。初春早々金儲《かねもう》けしやがる」というふうに言われるので、初湯といって、番頭のもらい湯ということにするんです。そこの主人はなにもしないで、番頭が代わりになるんだね。そうすると、風呂銭じゃなくておひねり。それは全部、番頭たちの上がりになっている。だから、風呂屋としては休みですよという形態です。床屋も同じように、お代は祝儀でもって払う。

この習慣は明治、大正になってもあったけど、そうやってお金を集めるのはあさましいと、風呂屋が自主規制した。その後、床屋もやめることになったんですな。法的に規制されたのは、ちゃんとした営業じゃないからでしょうね。だって、祝儀を集めるだけのものだからね。

■事始めのいろいろ

改暦は明治五年の暮れですから、それ以前のものは旧暦ということになりますが、一月二日は、「事始め」の日。あるいは文字を書いたりする「書き初《ぞ》め」。二日は、わりと高貴な人たちの始め事の日です。一般の人たち、職人なんかは、四日になるんだね。事始めというのは、いろんな仕事にあります。

それから、いろいろ間違えているのは「姫始め」。エッチなほうと誤解している人が随分いるんだけど、そうじゃない。元日は白おこわや餅や赤飯を食べたりしていて、二日になって、初めてやわらかいご飯を食べる。このやわらかいご飯を、こわ飯《いい》に対して姫飯というんですね。お姫様のご飯。

この姫飯を最初に食べるので姫始めという説や、姫糊《ひめのり》（ご飯でつくった糊）。洗い張りってわかる？　洗濯した着物を板に張るでしょう。あれは姫糊で張るんだ。ここでぴたっと張って、ぱりっとしたやつをもう一度縫う。

そのときに、女の人は初仕事になるわけですよ。姫糊始め。女の人の典型的なお仕事でしょう。それがそっち方面に、だれが持っていっちゃったかね。

職人の場合は「細工始め」と呼ばれます。職人は一月四日に、初めて仕事をしていいんだね。武家は「乗馬始め」というのがあって、馬に乗る。それから、新吉原の方に行くと、お琴を弾いたり、三味線を弾いたりの「弾き始め」。芸事もいいんです。事始めは今でもたくさん残っていて、「初荷」とか「初釜《はつがま》」「出初め」もそうでしょう。

まといと消し札

出初めは、もともと江戸時代は上野東照宮で一月四日にやっていたんだけど、それが後に六日になった。火消しも職人ですから、細工始めやなにかと同じように、態勢が整っているところを世間に見せるという部分があるんです。もともと大岡越前が、大名火消しや定火消しに対して町火消しをつくったんだけど、初めは各町にだいたい三十人で一つの組ができるわけですよ。大火災になると、全部で六組、百八十人で消火に当たる。

そのころは、ほとんどが家を壊すことによって、燃え移らないようにしようという破壊消火ですから、まとい持ちが屋根の上でまといを振るわけだ。「あいつを助けよう」「あいつの手前でとにかく火を止めなきゃいけない」。そうやって、その手前の家をみんなでたたき壊す。火消しの火事場での半纏というのは、ほとんどが刺し子になっていて、布を何枚も縫ったものでしょう。そこに頭から水をかぶるんだから、たいへんな重さですよ。で、火をくい止めると、消し札が立つ。そうすると、「ここの消し口は、め組がとったよ」とか、「い組がとったよ」というふうになるわけです。それが昔の火災消火です。

正月に火事が起こったら、出初め式の前だからといって行かないわけにいかない。ただし、ほかのところはみんなが手伝いに行っても、吉原の住人だけは行かなくていいことになっているんです。すぐそばで火事が起こっても、吉原の者は手伝いに行かない。逆にいえば、行かないだけに吉原が火事になってもだれにも手伝ってもらえない。だから、一気に全部燃えちゃうんだね。

一月、二月は、火事がやたらと多いんですよ。明暦の大火だって旧暦の一月でしょう。この明暦の大火で中村座は燃えているし、神田明神も、湯島天神も燃えている。市村座や、吉原にも飛び火しているし、挙句の果てには江戸城の天守閣も燃えている。

ただ、火事になっても、ほんとうに困るのは長屋を持ってる人たちだけですよ。つまり、長屋のオーナーだね。大家は雇われ管理人だからオーナーではありません。で、住人は自分の家じゃないし、鍋《なべ》と釜と布団と、その程度の家財道具だけ持って逃げる。家が燃えちゃったとしても、その月の家賃を払わなくてもいいわけだから、わりと平気で逃げるんだね。

ところが長屋のオーナーたちは、修復のために職人に手間賃を払うでしょ。だから、江戸は火事になると職人の手間賃も上がるんです。長屋に住んでいるのは職人が多いので、彼らは焼け太りというか景気も良くなるんですね。なので江戸の経済は立ちなおりやすかったといえます。

■七草から二十日正月、正月の終わり

一月七日の七草の日は、普通は七草粥《ななくさがゆ》を食べるだけでしょ。ほかに「七草爪」というのもあって、新年最初に爪を切ってよいのがこの日なんです。七草を入れた水の中に手足をつけて、爪をやわらかくして切ると、その年は風邪を引かないといわれているんです。セリ、ナズナ、ゴギョウ、ハコベラ、ホトケノザ、スズナ、スズシロ、これぞ七草。七草粥は、あれはあれで、なかなかおいしいものだよね。塩味でさっぱりしていてね。

この日は「人日《じんじつ》」といって、「五節句」という、季節の変わり目の中の一番目の節句にあたります。三月三日が「上巳《じょうし》の節句」で、通称「桃の節句」。それから、五月五日が「端午《たんご》の節句」で、七月七日は「七夕」。これも五節句に入るんだね。そして九月九日が「重陽《ちょうよう》の節句」。

これは、もともとは幕府が音頭をとって始まったものです。一般の人たちの公家や武家に対するあこがれもあるだろうし、季節の変わり目をみんなで祝おうよ、ということにも

なってきたんだろうね。

節句のときって酒がつきもので、厄よけとか感謝とか祈願したりしながら、みんな酒を飲んで楽しむ。だけど、明治五年の改暦で、翌年一月に五節句は廃止されました。とはいっても、今でも残っていますけどね。

それから、この日までを「松の内」という地域が多い。門松というものは、てっぺんに神様が宿るわけでしょう。その門松を取らなきゃいけない。本来は、十五日の小正月が終わって十六日に取りに来るんだけど、早くしているんだね。それはなぜかというと、笹が立っていると乾燥して出火しやすいんです。だから、なるべく早くに笹を取りたかったわけだな。

で、十一日は「鏡開き」です。鏡開きというのは、ほんとうは武具開きですから、お侍さんやなんかの鎧兜《よろいかぶと》を飾っておいて、そこにお鏡を飾る。鏡餅は刃物で切っちゃいけない。木槌《きづち》で割ったりするでしょう。あれ、刃物で切ると切腹を意味するからだめなの。縁起が悪いんですね。

そして十五日が「小正月」。元日のことを「大正月」といいますが、それに対して小正月。正月の間、女性がたいへん忙しくしていたことをねぎらって、「女正月」ともいう。

この日は「上元」でもあります。七月の十五日が「中元」。上元は、夜祭りで灯籠《とうろう》を出したりするんだけど、十月の十五日は「下元」といって、先祖の霊を慰めて、収穫に感謝する。

中元って、ほんとうは一年の前半を無事に過ごさせてもらったことに感謝するために、両親に食べ物を贈るんです。財物を差し出して罪過を許される日という説もある。それがいつの間にか、上司に貢物をする日に変わっちゃった。

そして二十日は、いよいよ「二十日正月」。正月最後の日ですね。この日で正月は全部終わりですよ、ということです。

■藪入《やぶい》り

正月が終わるちょいと手前、一月十六日には「藪入り」というのがある。これは奉公人たちが、実家に帰れる日です。里に帰る日。里というのは、さぞや藪深いところなんだろうということで、藪入りなんていう言い方もしますが、江戸時代から始まって昭和の初期までは、この風習が残っていた。

このころになると、給金のほかに、いろんなお駄賃やなんかを旦那が貯めておいてくれたりするんです。それをみんなまとめて、「はい。じゃ、これ持っていってやんな」と言って持たせてくれる。そして、自分の家に帰るときに、弟にこんなものを買っていってやろうとか、「おとっつぁん、これ、つまんないものですが」「おっかさん、これ好きだろう」とか言って渡す。それで、「おお、大人になったね」みたいな感じになるんだね。

うちのおやじが子供のころは、藪入りの日は丁稚《でっち》さんたちの下駄の音でもって目が覚めたそうです。朝からがらがらがら、がらがら下駄の音がして、そのころの浅草の仲見世というのは、たとえば万年筆みたいなものとか、おもちゃでも、いちばん新しいものを売っていた。新しいものは、みんな浅草に来れば買えるという時代ですね。

■正月の子供の遊び

正月は、子供は遊ぶ以外に、別になにもすることがないわけだ。遊びといったら「すごろく」だとか、「福笑い」をやったり、「家族合わせ」なんていうのをやったりする。家族合わせ、知ってる？

八百屋さんや魚屋さんの家族や、小説家だとか、いろんな家族が札になっている。たいがい五人で一家族になって、全部集まると上がりです。札には一人ずつ家族の絵が描いてあるんだけど、それぞれ名前がついてるの。たとえばサザエさんみたいに全部魚の名前だったり、八百屋さんは野菜の名前だったり、画家は、何々筆男さんとか、それらしい名前がついている。それで、「ちょいとお伺いします。何々さんのお宅に魚屋の何々さん、遊びに行っていませんか」と聞くわけ。持っていると、「来てます」と言わなきゃいけない。「じゃあ、ちょっとこちらへ」と言うと、それをくれる。それで、こ

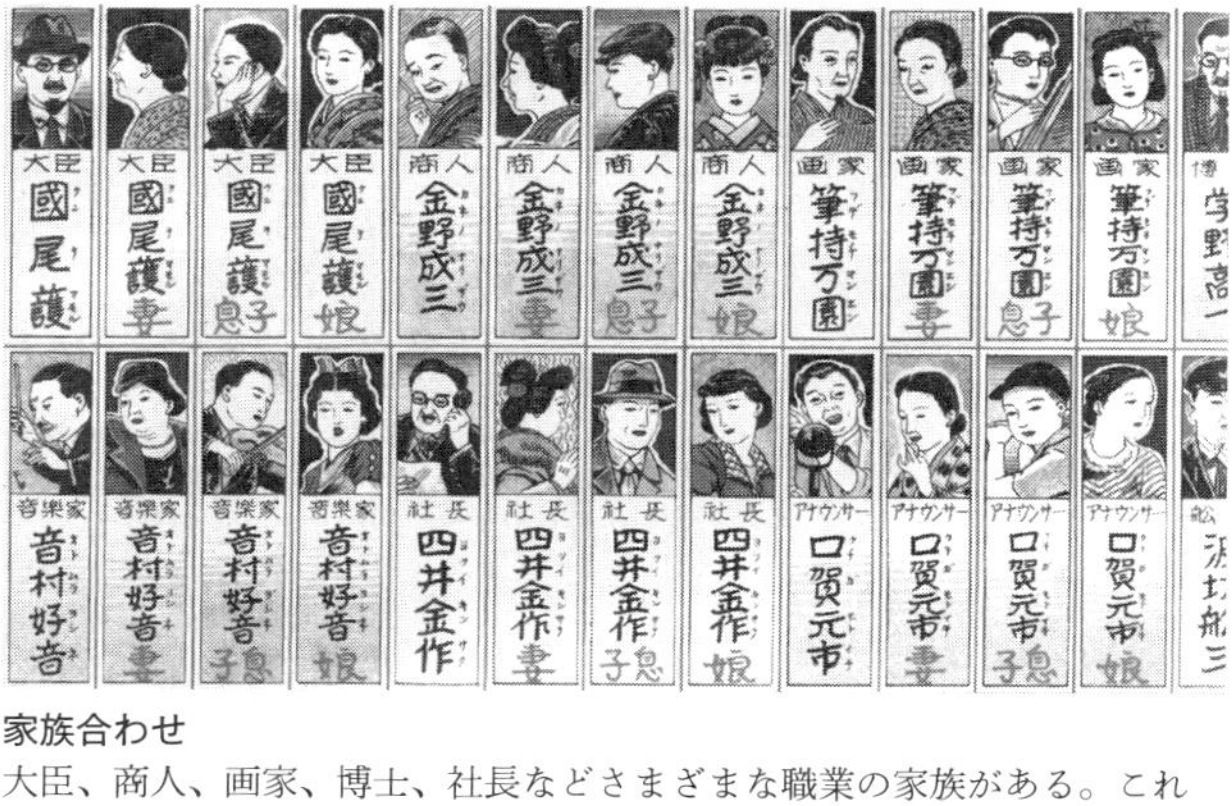

家族合わせ
大臣、商人、画家、博士、社長などさまざまな職業の家族がある。これは四人一家族で一枚ずつ切り離して使うタイプ（著者所蔵）

っちは自分のいらないのを渡すの。五人、五枚で一家族になるわけだ。何家族がそろうか。これが家族合わせ。

そこでは、ちゃんとご挨拶《あいさつ》をしなきゃいけない。「ちょいとお伺いいたします。お宅に小説家の何々先生いらっしゃいますか」「うちには来ておりません」「そうですか。ありがとうございます」。ここでご挨拶というものを教わるんですよ。

それから「すごろく」。『東海道中膝栗毛《とうかいどうちゅうひざくりげ》』が題材になってる「道中すごろく」なんていうのがあって、東海道をずっと京都まで上っていくんだけど、これが途中でもって休んだり、いろんなことするんだよ。面倒くさいんだよ。だけど、なんだかんだで向こうまで行けるというのが、すごくうれしいんだ。

そのときのサイコロが、実に出来の悪いもので、練り物の安物だったりするんだけど、変に無骨に大きくて、白いところが白くないんだね。ねずみ色なんです。嫌な色だ、これが。ちなみに江戸時代のやくざ者は、博打《ばくち》場で今戸焼のサイコロを使っています。踏み込まれたときにうっ、と踏みつぶしちゃうと、ただの土にかえっちゃうから博打をしていた証拠のサイコロがなくなっちゃうんです。

ほかには、犬も歩けば棒に当たるなんていう「犬棒かるた」。ちょいと大人になってくると、それこそ「百人一首」なんかになるわけですよ。百人一首がどうも難しいなというと、「坊主めくり」なんていう違うやり方を覚えたりするんだけどね。

あたしが子供のころ、そういう遊びをするときの景品は、必ずみかんです。それを火鉢の中で焼くの。熱々の焼きみかん。燃えている炭のそばの灰のところに、みかんを皮がついたまんま置いて、皮が焼けて黒くなってきたら少しまわす。それを繰り返して全部黒くなったら、熱いのを我慢しながら皮をむいて食べると、少し青いみかんでも甘くなるんだね。

じゃあ外での遊びはどんなものがあるかというと、まずは「凧揚《たこあ》げ」。あたしが子供のころは凧専門店が浅草にもありました。凧清っていったかな、東本願寺のところにあった店で、そこで凧を買ってもらう。で、どこでもかしこでも「ああ、引っかかっちゃった」なんて、電線に引っかかったのが随分あって、正月の風物になっていた。武者絵のものがあったり、雪だるまのがあったり、やっこがあったり、いろいろありました。凧の後ろのところには、うなりというものをつけてもらう。ブン、ブーンと音が鳴るんだよ。中には、いちばん端のところにかみそりの刃みたいなのをつけてもらって、ほかの凧に寄せていって、パーンと糸を切る。

凧揚げはもともと中国から来た遊び。凧は糸が切れると、ぱーっと飛んでいくでしょ。それが災いなんかを遠くの空に飛ばすということで、厄払いになるといわれているんですね。もう一つは、凧が風を切るということで火災よけ。火事のときは、火消しがはしごに乗るわけじゃない。ばーっと登っていって、どこが火事だか見るのと同時に、風向きを見るんです。その風を切ってくれるということは、それ以上燃え広がらないということでしょう。

ほかには「羽根つき」があります。暮れに羽子板

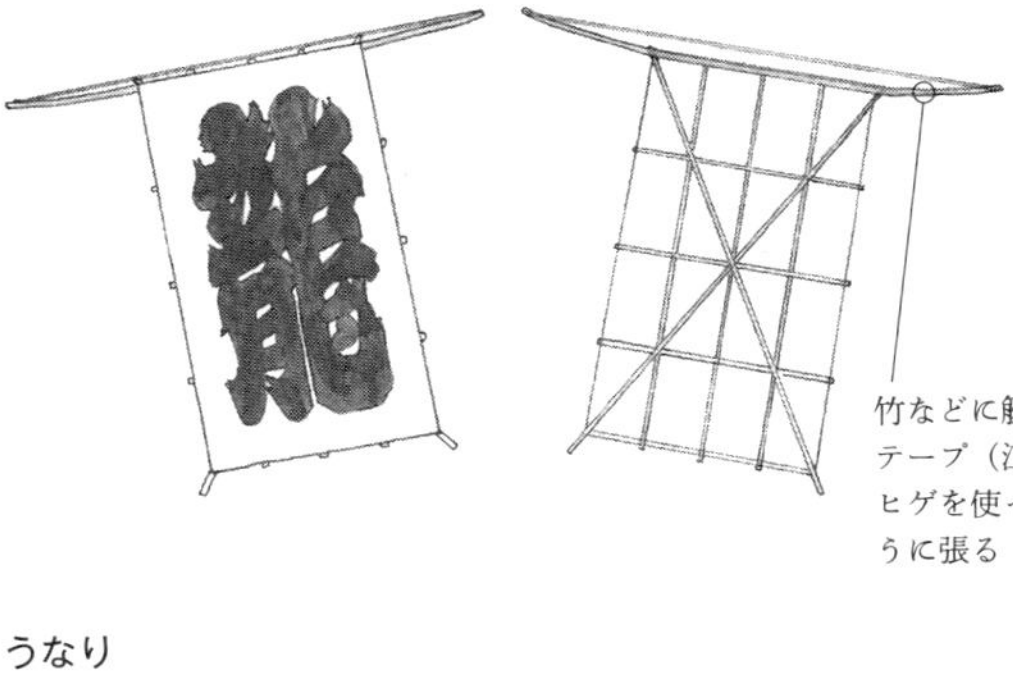

竹などに籐やビニール・テープ（江戸時代は鯨のヒゲを使った）を弓のように張る

うなり

「うなり」をつけて凧を揚げると、風を受けてブーンという音を出す

市が終わっても、昔は露店で安い羽根つき用の羽子板を売っていたから、そこで買ったものでつくんです。押し絵の高級な羽子板は飾るもので羽根つきには重いんです。羽根の下に黒い実がついているでしょう、これは無患子《むくろじ》の実なんです。「子供が患わない」という言葉にかけて非常に縁起がいいとされている。

羽子板自体も縁起のいいものでね。胡鬼板《こぎいた》ともいいます。胡鬼というのは中国名。羽根がトンボに似ているということで、トンボは蚊を食べちゃうわけだから、子供が夏になって蚊に刺されないようにということもあって、これで疫病退散ですよ。非常に縁起のいいものですな。

それから「竹馬」。松の内が終わるころになると、鳶《とび》が笹を片づけに来るでしょう。そうすると、「ここで切ってよ」なんて鳶のおじさんに頼んで、竹の枝のところだけ切り落としてもらって、適当な長さに切ってもらって竹馬をつくる。だから、笹を片づけるころにならないと、竹馬遊びはできないんです。

雪が降ってくれれば、雪合戦や「雪釣り」をしたりする。雪釣りというのは、いろいろなやり方がありますが、炭に紐《ひも》をつけて、雪が積もっているところに持っていく。そして雪

雪兎
お盆などの上に雪を盛り葉っぱを
耳に、南天の実を目に見立てる

雪釣り
紐のついた炭を上下させ、雪をくっつける遊び。ほかに降ってくる雪
を掬うなどのやり方もある

の上でちょんちょんと上げおろすんです。そうすると、炭のところに雪がどんどん、どんどんくっついていって、雪が大きなかたまりになる。雪を炭で釣るんです。女の子なんかは、雪兎《ゆきうさぎ》というのをつくったりする。お盆の上に雪を兎の形に盛って、目には南天の実、耳には笹を挿すの。で、家に持ち帰って「どう、よくできたでしょ」なんて自慢するんだけど、あっという間にとけちゃって、お盆の中には水と笹の葉っぱと南天の実だけになっちゃう。それでも雪の日だけの遊びだから、楽しかったんですな。

そんなふうに、正月はいろんなことをやって遊べたわけです。

二月

■二日灸《きゅう》

二月二日と八月二日は「二日灸の日」です。貝原益軒《かいばらえきけん》の『養生訓』に出てくるんだけど、この日にお灸を据えると健康にいいよっていわれると、みんな信用してやるわけじゃない。江戸には薬屋さんがいっぱいあって、大伝馬《おおでんま》町の通旅籠《とおりはたご》町あたりに、三升屋《みますや》っていう有名なもぐさ屋があった。屋号が「三升」だよ。三升といえば市川団十郎家の定紋（公式の家紋）でしょう。団十郎とはなんのかかわりもないのに「団十郎もぐさ」なんていって、平気で売っていたんです。とにかく、そこのもぐさがよく効くということで、たいへんな人気だったそうです。

ちょうどそのころ、鶴屋南北が『お染久松』を書いています。これは、江戸中の人がみんな知っている物語ですよね。そうすると、たとえば流感みたいに、そのとき流行っている風邪にその名前をつけるんですよ。カトリーナとかジェーンだとか名前のついたハリケーンみたいに。それで、「お染風邪」っていうのがある。ほかにも、谷風っていう相撲取りからとった「谷風邪」とか、いろいろあった。

で、お染風邪が流行っているときは、自分の家の玄関先とか軒下のところに、「久松るす」って書いて貼っておく。「久松さんは留守ですから、お染さん、ここには来ちゃいけませんよ」って。つまり、風邪を引かないようにというおまじないなんだね。

あたし、この間、書いたよ、あんまり風邪が長引いたんで「久松るす」って。そうしたら、今の風邪は「お染風邪」じゃないって言われたけどね。不思議と治りましたよ。

■節分と立春

二月三日はご存じの「節分」です。お寺では節分会《せつぶんえ》というのがありますが、神社でやると節分会《せつぶんかい》になる。神社では「かい」と読みます。同じ字でも、読み方が違うんだね。

よく、豆をまいたら年の数だけ食べるっていうけど、浅草では豆を拾って食べることはほとんどありませんでした。年の数だけ拾ったやつを、紙にくるんでおひねりにする。そして自分の家から最初の角のところまで行って、後ろ向きになって、ぽん、とその豆を捨ててくる。拾って食べるという了見が嫌なんだろうね。うちなんか、そうやっていましたよ。だから角々におひねりが集まって、今なら「いい迷惑だ」って言われちゃいますね。

節分といえば鬼だけど、よく葉っぱのついたヒイラギの枝をイワシの頭のところに刺して、屋根の上にのせたり軒下に挿しておくでしょう。あれはなんなんだと思ったもんですが、あれは鬼が来たときに、イワシのにおいに誘われてそばへ近づいてくると、ヒイラギでもって目を傷めるらしい。悪い鬼を、門のところで撃退するんだね。

それから、石工の使う玄翁《げんのう》って知ってる？　金槌のでかいやつ。あれの柄はヒイラギの木なんです。堅いわりにはしなやかなので、石工さんたちはヒイラギの木を買っては、自分のうちの庭に植えておくんです。庭の表鬼門にヒイラギ。表鬼門というのは北東ね。で、裏鬼門、南西の方角に南天を植える。南天というのは「災難を転ずる」ということです。

浅草にも鬼婆伝説があります。浅草寺ができた西暦六三〇年ごろ、今の花川戸のあたりは浅茅原《あさじがはら》と呼ばれていたんだけど、そこの一軒家に老婆と若い娘が住んでいて、旅人を泊

節分の魔よけ
ヒイラギの葉がついた枝をイワシの頭に刺して、軒下に挿しておく

一つ家
歌川国芳画（提供：浅草寺）

めては老婆が殺して身ぐるみ剝いでいた。で、殺した旅人の数が九百九十九人になったとき、観音様が旅人に変身してそこに泊まる。そうとは知らない老婆は、その旅人を殺す。ところが、死んでいたのは我が娘だったんだね。

老婆は嘆き悲しんだ挙句に仏眼を開いて、大蛇となって大きな池の中に消えていった。その後、この池は姥《うば》が池と名づけられたんです。今では埋め立てられて人造池になっちゃったけど、花川戸公園のあたりだね。この話は、浅草寺にある歌川国芳の「一つ家」という絵馬に描かれています。出刃包丁を持った老婆の両側に娘と稚児《ちご》がいる絵。

そんなふうに、鬼でも蛇でも心を改めるといって、浅草寺の豆まきでは、「鬼は外」とは言いません。「福は内」だけです。その代わり、永遠を意味する「千秋万歳《せんしゅうばんぜい》」と言ってから豆をまきます。

そして、二月四日になると「立春」になる。八十八夜にしろ、二百十日にしろ、なんでも立春から数えます。

■針供養

二月八日は針供養。これはもともと和歌山の淡島神社から、浅草の奥山に勧請《かんじょう》されてきたんです。でも、和歌山の方の淡島様は漁師町ですから、同じ針でも釣り針なんだな。

江戸に来たら、釣り針というわけにいかない。仕立て屋だとか、足袋屋、袋物屋、一般の女性たち、最近では洋裁学校だとか、そういう人たちが針に感謝をする日。普段、かたいものに通している針を、やわらかい豆腐に刺して供養する。そこから始まって、へらだとかお裁縫に必要なものをすべて持って

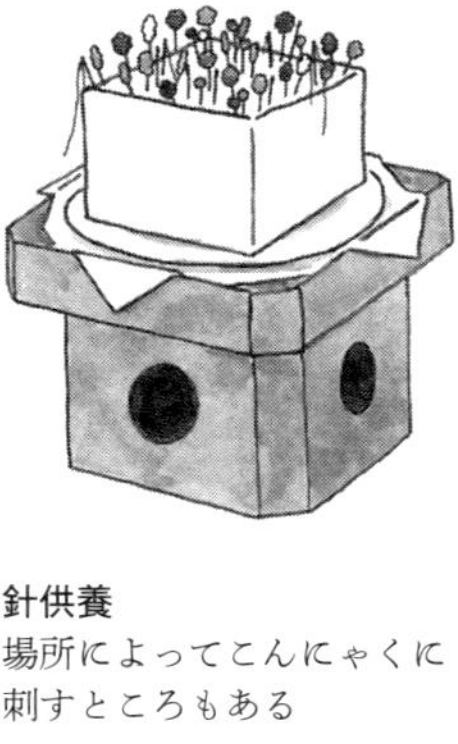

針供養
場所によってこんにゃくに刺すところもある

きて、供養したりしていますよ。

だけど、それはただ針に感謝するだけじゃないんですよ。婦人病や性病にならないとい
うおまじないでもあったそうです。性病というのも、普通の人はあんまりないんだろうけ
ど、そういうことだったみたいですな。

とにかく、この日はたいへんですよ。お針子さんがいっぱい来る。浅草って、象牙《ぞうげ》細工
のお店が仲見世にも何軒かあって、へらが置いてあったりするわけじゃない。そうすると、
その日は納めに来て、新しいのを買っていこうなんていう人もいるから、象牙細工屋さん
も結構忙しい。だいたい昔はお針子さんじゃなくても、女性のたしなみとして、みんな和
裁はできたわけでしょう。たしなみとなっていたんですね。

うちのおふくろなんかも和裁を習っていたんだけど、兄貴に買ってもらったアイススケ
ートの靴を、和裁のお師匠さんのところの押し入れの中に隠しておいてもらう。で、和裁
のお稽古《けいこ》に行ったときに、お師匠さんの娘と二人でこっそり抜け出して、スケートリンク
に行っちゃってたらしいけどね。

■初午《はつうま》

旧暦二月の最初の午の日は「初午」といって、お稲荷さんの縁日です。笛の音が聞こえ、キツネのお面を斜めにかぶって、太鼓をたたいたりなんかする。子供たちはお菓子がもらえたりして、非常に楽しみなときです。

午前十一時から午後一時までを「午の刻」というでしょう。その真ん中の、今でいう昼の十二時のところ、これが「午」の真ん中ですね。だから、午の前と後で午前、午後になるんです。

この日には、たいがいお稲荷さんのそばの町会には地口行灯《あんどん》が並ぶ。地口行灯というのは、掛け行灯です。そこには、洒落になっている絵と文字がかかれているんです。行灯のわきに出した人の名前が入って、もう片側には「町内安全」とか書いてある。町内の安全を願って、お稲荷さんの氏子の人たちが奉納するんですね。

そりゃもう、いろんなのがありますよ。たとえば枕が二つ並んでいて、障子がちょっと半分開いてる絵がある。そして「寝たもの夫婦」と書かれているんです。いいだろう、こ

地口行灯と地口

左上から「うすから出た真菰」(「嘘から出たまこと」)、「寝たもの夫婦」(似たもの夫婦)、「障子の稲荷」(王子の稲荷)。画は著者、文字は橘右之吉氏(地口をすごろくにしたもの)。右上は浅草伝法院通りにある地口行灯ういうの。「似たもの夫婦」の洒落ですよ。色っぽくていいよね。

ほかには、餅つきの臼《うす》に真菰《まこも》が載せてあって、「うすから出たまこも」というの。「嘘《うそ》から出たまこと」。わかる？　それから、お稲荷さんだけに、障子のところにキツネの影が見えて、「しょうじのいなり」と書いてある。「王子の稲荷」の洒落。うまいでしょう。

この日は、歌舞伎座の楽屋にも地口行灯がかかっていましたよ。ずらっと並んでいた。今は、浅草の伝法院通りのところに、大きなものが一年中並んでいます。

■梅見

「梅一輪一輪ほどの暖かさ」という服部嵐雪《はっとりらんせつ》の句の通り、このころからだんだん寒さが緩んでくる。亀戸天神の菅原道真《みちざね》の飛び梅や、梅屋敷と称された清香庵の臥龍梅《がりょうばい》といった名木を観るも良し。『万葉集』でも、桜より梅のほうが多く詠まれていますが、梅見は古くから行われていたようですな。

ただ、向島の百花園や湯島天神でも良い梅は見られるけど、あたしは小田原市の曾我《そが》へ行くのを恒例にしています。曾我の梅林って、梅見をするのに最高の場所なんです。梅の実があるでしょう。ここは、それをとるために育てられているということで、木の丈が低いんだね。だから梅林の中に緋毛氈《ひもうせん》を敷いて、腰を下ろして酒を飲んでも、梅の枝がすぐ頭の上を横切って、梅が香るわけだよ。

曾我梅林

ほとんどが梅の実収穫用のため、通常の梅の木より丈が低い

曾我って、曾我兄弟の出身地ですけど、歌舞伎の中にも曾我の五郎という役が多い。「矢の根」や「助六」なんかも、実は曾我五郎だということになっている。そういう演目のことを「曾我物」といって、一月の初春興行は曾我物に決められているんです。その年の始めの興行というのは「御《ご》霊《りょう》」、つまり先祖の霊を祀《まつ》って、一年の安泰を願うために行われるわけでしょう。「五郎」と「御霊」がかかっているわけ。

そんなこともあって、二月になってからとはいえ、曾我の梅見とともに、一年の安泰を願うつもりの梅見なんです。

あたしは、扇に梅を描くときの参考に写真を撮りますが、梅に限らず桜もそうだけど、枝ぶりだけ撮ってくればいいいんです。梅って、枝ぶりで決まるんですよ。逆に花が咲いてないほうが、最も効果的に描けるの。花の向きも、左右や、前とか後ろを程よく描くわけだから、季節外れに観ておいたほうがいいんです。自分なりにイメージできるからね。

三月

■桃の節句

三月三日は「上巳の節句」。通称「桃の節句」といいます。実は中国の方では、この日に人の形に切った紙、「形代《かたしろ》」っていうんだけど、これで身体を拭《ぬぐ》うんです。それを川に流して、けがれを祓《はら》う。流し雛《びな》の原点でもあります。それが日本に伝わって「雛遊び」と結びつき、女の子の節句になるんですね。

だけど、女の子の節句といっても、室町時代までは普通の町場の人間はやっていないんだね。公家と武家だけ。江戸に入って幕府が推奨して、一般の人もやるようになるんです。

この日にいちばん繁盛するのは、人形屋に貝屋に、蕎麦《そ ば》屋と酒屋。今でも神田猿楽町に、豊島屋っていう酒屋がありますよ。江戸時代にそこの白酒がいちばんうまいっていわれて、たいへん人気があったんだ。大

現在の豊島屋本店

田蜀山人《しょくさんじん》の『千とせの門』によれば、二月の十八から十九日の朝までに、千四百樽《たる》売ったっていうんだね。千四百樽ということは、一升瓶で五万六千本だよ。

これはね、豊島屋の初代十右衛門の夢枕にお雛様が立ったというんです。そのお雛様が、「こうやってつくるとおいしい白酒ができる」って言ったんだって。それでその通りにつくって雛祭り用に販売したら、江戸中の評判になった。江戸中の人がそこに行列して、その日は鳶がガードマンとして手伝っている絵もありますよ。鳶をガードマンとして雇わなきゃならないって、そりゃすごいよね。

桃の節句のお菓子といえば「菱餅《ひしもち》」がありますが、ピンク色のが入っているのは近代になってからのことです。江戸時代は緑、白、緑ですから。ヨモギと白とヨモギ、もうこれだけ。「菱」っていうのは、子孫繁栄の意味がある。それから、菱餅はかたいでしょう。女性のお祭りですから、このかたさが、「身持ちがかたい」にかかってるんですね。

そのころはちょうど潮干狩りが始まる時季でもありますから、新鮮なハマグリが手に入る。だから、お雛様のところに、ハマグリのお吸い物をあげたりもしました。

「鎌倉町豊島屋酒店　白酒を商ふ図」
『江戸名所図会』より
左側が店の入り口で、右が出口。白酒を買うために、人が殺到している。入り口に組まれた櫓の上には、万一の場合に備えて医者たちや鳶が待機しているのが見える（図版提供：豊島屋本店）

例年二月の末鎌倉町豊島屋の酒店にて雛祭の白酒を商ふ是を求んとて遠近の輩黎明より肆前に市をなして賑へり
入口

それから、お雛様はなるべく早く片づけないといけない。そうじゃないと、縁遠くなるといわれている。片づける前にはお蕎麦をあげて、それから箱におさめて片づけないとだめなんですよ。「お蕎麦をあげてから片づけなきゃ嫁入りが遅くなりますよ」って親が言う。験かつぎみたいなもんだろうね。とにかく、最後はお蕎麦なの。最初のうちは白酒と、ハマグリとか雛あられ。雛あられっていったって、今のとは違うんだけどね。

へっついでね、へっついって竈《かまど》のことだけど、そこで鉄の釜でご飯を炊くでしょう。食べ終わって洗うときに、底の方に米がくっついているじゃない。これを掬《すく》って干すんです。紙を敷いたり、ざるにきちっと干しといて、それから煎《い》るんですよ。煎って砂糖をかける。それが雛あられ。やったことない？　干し飯っていうんだけどね。

正月のお餅もそうだね。のし餅。これを四角く切ると、角が丸くなったところが残るじゃない。この部分を切るんですよ。ぽんぽんぽんと、一、二センチ角ぐらいに。これをあられみたいに干してから、ざるのふたが半分あくようにできたもので、昔でいえば炒り網というものでしたが、そんなものの中に入れるんだ。で、がちゃがちゃ振って煎るの。煎っているうちに、ぷっと膨らむんですよ。これをだよ、醤油をちょっとかけてまぶすんだ。

うまいよ。

■春の彼岸

春分の日を挟む七日間が「春の彼岸」。旧暦のころだと二月です。このときに、ぼた餅とか五目ずしを食べる。五目ずしって、精進ずしじゃなきゃいけない。これをつくって近所に配ったりする。

彼岸になると、たいがいぼた餅を出すんですな。秋にはおはぎ、萩の餅。春になると牡《ぼ》丹《たん》の餅でぼた餅ね。あたしたちの子供のころは、冬のぼた餅がありました。お砂糖が上にぱらぱらっとまいてある「北窓」というお菓子。名前もいいよね。北の窓。今、和菓子屋さんはどこもやってませんね。ほんとは秋におはぎ、冬に北窓、春にぼた餅。こうやって食べたいものですけどね。

ぼた餅は、日蓮上人が処刑されそうになったとき、老婆が最後に日蓮になにか食べさせたいというんだけど、あんを煮る時間が

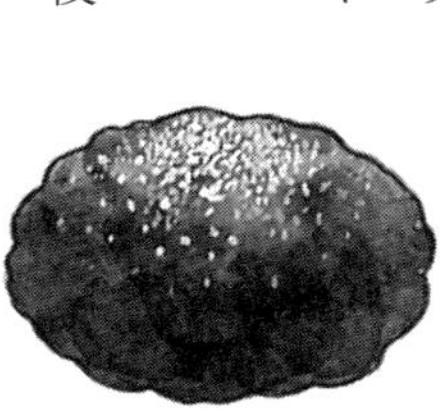

北窓
上に白い砂糖が散らしてある

ないから、糯米《もちごめ》とうるち米を五分づきしたものにゴマをまぶして食べさせた。日蓮は佐渡に流されたけど、処刑されなかった。それ以来、災難をよけるということで、「御難《ごなん》餅」とか「難よけ餅」といういい方もされます。小豆は赤いでしょう。赤という色も厄よけ、魔よけなんだね。邪気を払うって。これが、ぼた餅を彼岸のときに食べる由来だといわれています。

■花見

花見のころになると、行楽として船遊び、ナズナ摘みなんかをします。そして、三月の末ぐらいになってくると、花見のための花見掛茶屋という茶屋が出る。芝居の刀だったり、ちょんまげ結ってるのや日本髪の半かつらとか、お面みたいなものが売られて、それをかぶって、踊ったりしながら花見に行くんです。

各町によっていろんなご趣向をするわけですから、「うちの町は今度、どういう趣向でやろうか」とか、それはもうすごいのもあるわけ。そうやってみんなで仮装して楽しむんです。なにかおもしろいことをやったりして、花見客を喜ばせる。

花見掛茶屋では、衣被《きぬかつぎ》だとかするめ、ゆで卵、江戸じゃ「うで卵」っていうんだけどね。それから、くわい団子、白酒もあるし、升酒も売っている。

花見で、江戸時代から結構人が集まるところっていうと、上野の寛永寺、浅草は有名ですな。あとは王子の飛鳥山《あすかやま》なんてことになる。上野の場合は、将軍家の菩提寺でもあるし、ほんとはあんなところで酒を飲むなんていう行為をしちゃいけないんです。今はそんなことないけど、江戸時代には勝手なものを持ってきて敷いたりなんかするとね、「なんだ、こんなものを敷いて」と怒られるんですね。

ここには山同心（役人）がいます。その同心のところへ「ちょいと敷物を拝借したいんですけど」なんて行く。すると「じゃあ、これを使いなさい」なんて貸してくれる。それを好きなところに敷いて、じーっと座って桜を見るわけですよ。静かに花を楽しむというね。

だけど浅草へ来ると、もうそういうことはいわれない。それこそふんどし一本になって踊ろうと、太鼓をたたこうと、三味線を弾こうと、乱痴気騒ぎのあらん限りを尽くそうと、いろんなことができる。

浅草の近辺には囃子《はやし》連というのがあって、昔、あたしはそのメンバーで、ちょっと上野の山に乗り込んで、ひとつ囃子たたこうじゃないかってことになった。上野の山へ行って、敷物敷いてさ、もうみんな、股引《ももひき》、腹掛け、半纏だ。で、お囃子をやった。あたしなんぞは、仁羽《にんば》をやったよ。仁羽ってわかる？　えへんの面ともいうけれど、獅子《しし》に絡む道化の面のこと。あたしの友達が獅子をやって、テケテンテン、スケテンテンってお囃子太鼓をたたくでしょ。そのうち獅子は寝ちゃうんですね。すると囃子が、ジャーンジャーンジャンチキチッ、テケテッツク、ステツク、テッツクツって、仁羽が出てくる。これをあたしは上野の山で踊ったよ。たいへんな人だかりになったよ。あたしが二十歳ころのときだからね。ってことは、四十年以上前だ。

上野の山で騒いじゃいけないっていうのは江戸時代だけのもので、そのころは上野は幕府のものだったけど、

獅子と仁羽

今は東京都のものだもん。そんなことをやりました。花見の趣向っていうのは、そんなふうにいろいろあったんです。

■吉原の桜

花見というと、ほかには吉原の桜。三月から四月にかけて、吉原仲の町に桜の木が移設されます。よそで育った桜をそこに植えるんだね。明治から大正期ぐらいまで、毎年運んでいました。桜の季節が終わると、その木をまた元の場所へ持っていって、植え直すんです。その年、最も美しい桜を運んでくるという、これは実にぜいたくな話ですな。だから、みんな夜桜として見に行く。

吉原の桜は美しいのと同時に、やっぱり、江戸っ子の潔さを表現してもいるわけです。ぱーっと散っておしまいだよ、みたいな潔さ。これは江戸っ子の性格をあらわしているということなんですね。

また明治以降になると、この時季には「助六」という芝居がかかるわけでしょう。「助六」は、江戸っ子を代表するような人だった。「うちの親戚は助六だよ」とか「おれは助

佐野

「新吉原仲之町」（部分）
重宣画（提供：与ろゐ屋）

六の弟分で助八」だとかいろいろなことを言っちゃうぐらい、江戸っ子にしてみれば、助六っていうのは江戸の象徴的な存在だった。だから、助六の芝居がかかると、江戸中はみんな大喜びという状態ですよ。

江戸の人間というのは、「粋」と「張り」を命と考えているんです。そういう意味でいうと、「粋」が「意気」に通じるというような考えを持っている。だから、桜の散り際の格好良さみたいなものを、すごく大切にしたんでしょうね。

■潮干狩り

あたしが子供のころ、ちょうどこの時季に、うちの町内はみんな潮干狩りに行ったんです。吾妻橋《あずまばし》のそばから、みんなで船に乗っていく。たぶん、今だとディズニーランドがあるあたりね。浦安だとか、稲毛だとか、谷津だとか、あっちの方だと思うんだけど、そういうところに行く。

「簀立《すだ》て」ってわかる？　葦簀《よしず》みたいなのが迷路みたいに立ててあって、引き潮になると魚が逃げ場を失って、横になってピタピタ、ピタピタやっているんだよ。それを手で捕まえる。普通の魚が跳ねているのはすぐ捕まえられるんだけど、平目だとかカレイだとか、ああいう平べったいものは、足で踏むと「おっ」と気がつくわけだ。そういうのを捕まえて、持って帰ってくるわけですよ。

言っとくけどさ、今の潮干狩りって、前の日に貝をまいておくわけでしょう。それで幾らか払うんでしょう。昔はまきもしないし、お金も払わない。で、バケツにいっぱいとれるんだよ。幾らでもとれたんだから。それは持ち帰り用ですよ。それ以外に、船頭さんが用意してくれた、あさりの味噌《みそ》汁とおむすびやなにかを食べるわけだよ。これがもう、たいへんなうまさですよ。うれしかったね。

「ちょいと、もう上がんなさいよ」なんて言われてご飯を食べるころになると、今度はおじさんたちが、そこでまた釣りを始めたり、あるい

簀立て
満潮時に簀でつくった柵の内に迷い込んだ魚を干潮時に捕まえる、昔ながらの漁法の一つ

は船のわきの方で花札が始まったりする。こっちは、味噌汁を飲みながらおむすびを食べる。ちょいと天ぷらを揚げてもらったりなんかしてね。船の上は、大人も子供も、みんなそれはもう楽しいやね。昔は、こういうことが普通にできたんです。

芝浦、高輪、品川、深川の須崎、そういうところでも潮干狩りができた。あたしのおじさんに「どこ行くの？」って聞くと、「品川あたりでハゼ釣りだ」って。どうよ、これ。

そのおじさんっていうのは、うちのおふくろの弟だからね。今生きていても、八十になってないと思うよ。つまり、今から七、八十年前には品川でハゼが幾らでも釣れて、泥臭さもなくうまかったんです。今でも釣れるんですかね。

江戸時代の二月の末から三月ぐらいっていうのは、屋敷勤めの人がお役ご免になったり、戻ってきたりするときなんだね。そうすると、いろいろ奉公していた人が、その奉公先をやめることもあった。そんな季節だから、江戸時代の長屋にも新しい居住者が来る。いなくなったりする人もいるけども、新しく来た人たちと仲良くなるためには、花見だとか潮干狩りって、いちばんいいレクリエーションですよね。そういう、みんなと親しくなる場でもあるんです。これ、いい話だよね。

■初鰹《はつがつお》

このころは、初鰹の季節でもあります。「初ものを食べると七十五日長生きできる」なんてことを言いますけれど、江戸時代に鰹一本買うのにどのぐらいかかるか。

芝居の好きな人はおわかりでしょう。髪結新三は、「鰹を三分で買う」なんてことを言う。三分ってどのぐらいかっていうと、今のお金で、たぶん四万円ぐらいするだろう。いちばん高いときで、六万四千円だという話もある。初茄子というのも非常に高いんですけどね。

当時の鰹というのは、陸から江戸へ向かってくるか、海から八挺櫓《はっちょうろ》なんていう八人で漕ぐ船でもって大急ぎで運んでくるか。早い者勝ちですからね。たとえば一八一二年（文化九）は、三月の二十五日に魚河岸に入荷した鰹は全部で十七本だった。そのうち六本が将軍家へ献上されて、三本は有名な料亭の八百善が競り落とした。で、残りの八本が魚屋に出るんですけども、そのうちの一本を、三代目・中村歌右衛門が三両で買って、大部屋の役者たちに振る舞った。これは有名な話で、たいへんな評判になったらしいですよ。

「加賀屋っていうのは鰹を買って、弟子にみんな食わせたらしいぞ」って。まあ、この時季は貝はとれるし、うまいものだらけじゃないですか。たまんないよね。

食べ物でいうと、ほかには千住のねぎや茄子、田端の白瓜、本所の瓜、品川のかぶや目黒のたけのこ、内藤新宿のかぼちゃ、早稲田のみょうがに谷中のしょうが、駒込の茄子に亀戸の大根。とにかく、おいしいものがいっぱいあるわけ。

それから小松菜。これもね、江戸の人間って早いもの好きじゃない。やっぱり早摘みをつくるんだけど、早摘みだから高いんです。で、やりすぎて、お上が早摘み禁止令を出した。季節感がおかしくなるので、ちゃんと売りなさいっていうことだね。幕府も困ったんでしょう。

■六阿弥陀めぐりと七福神めぐり

暮れから正月には七福神めぐりがある。それに対して、お彼岸のころには六阿弥陀めぐりをやるんです。たとえば西方六阿弥陀っていうのは、西大久保の大養寺、飯倉の善長寺、三田の春林寺、高輪の正覚寺、白金の正源寺、目黒の祐天寺。山の手六阿弥陀っていうの

上／浅草七福神めぐりでもらえるもの
浅草の九社寺をまわって福絵馬をもらい、笹にくくりつける（提供：浅草神社）
下／隅田川七福神めぐりでもらえるもの
七福神の人形を各社寺でもらい、宝船に乗せて飾る（提供：白鬚神社）

もある。これは四谷、青山、赤坂あたり。それから、北方六阿弥陀っていうと、上豊島の西福寺、下沼田の延命寺、西が原の無量寺、田端の与楽寺、下谷の常楽院、亀戸の常光寺。

どれも、だいたい三十キロコースですね。明け六つに出て、暮れ六つに帰ってくるんだけど、気候もちょうど良くなっていいんですよ。暮れから正月にかけての七福神めぐり、やったことある？　寒いよ。あたしは向島の七福神は、何回まわっているかわからないよ。深川の七福神だとかね。これも、大晦日の夜から正月にかけて、だーっとまわるんですよ。着物で、上から半纏着てね。襟巻《えりま》きを巻いて、寒いから下に腹掛けだの股引きだの穿《は》いて、草履突っかけてまわるの。

七福神めぐりはそういう寒い最中だから、この春の彼岸のころの六阿弥陀っていうのは、ちょっと陽気が良くなってきて、なかなかいいもんですよ。

■三月の弥生《やよい》歌舞伎

三月の弥生歌舞伎は、御殿物です。御殿の奥女中が宿下がりで帰ってくる。御殿勤めして帰ってきて、幼なじみのところにお嫁に行くとかね、そういうこともあったりするのが三月だから。

そうすると、御殿勤めしていた奥女中だった人やなにかが、たとえば「伽羅先代萩《めいぼく》」なんかを観ると、「いたいた、うちの屋敷にもこんなやつ」とかさ、いろいろ共感できるわけ。だから御殿物をやると、時季的にいちばんお客が入るんですよ。

そのころって、仕事にしろなんにしろ、勤めが終わったり、あるいは勤め先が変わったりというときでもあるでしょう。そうすると、今まで仲良くしていた人がいなくなって、今度は「ご近所に引っ越してきました」なんて言う人が来るわけだ。だから、三月のことは、弥生歌舞伎を観るとわかりやすいんです。

四月

■衣がえと花祭り

四月一日は「衣がえ」。衣がえについては、六月のときにくわしくお話ししますけど、十月ごろから少し寒くなると綿入れみたいなのを着るんです。で、四月の一日になると、この綿を抜いて、袷《あわせ》にするんです。「四月一日」と書いて、「わたぬき」さんという人がいますけど、あれはそこから来た名前ですね。

そして四月八日は、「花祭り」。お釈迦《しゃか》様の生まれた日です。この日はお釈迦様の像に甘茶をかけるじゃないですか。甘茶は、うちへ持って帰ってきて飲むものだと思ってる人が随分いると思うんですよ。まあ飲んでもいいんだけど、あの甘茶で墨をすって、お習字の稽古をやると字が上達するといわれているんです。最近、なかなかそういうことをやる人もいないんですが、お習字をやっている人やなにかは、これをありがたがらなきゃいけないね。

あるいは、この甘茶ですった墨で、「虫よけの呪《のろ》い」って書くと、虫よけに効果があるといわれています。呪いだよ。こわいだろう。これを家に貼《は》ったりなんかするんだけど、非常に効果があって、虫が飛んでこなかった、悪い虫が入ってこなかったというような話があります。

それから、「いただき」というお菓子を食べる。これは、この日にしか食べません。白い蓮の花びらに見立て糝粉《しんこ》でつくり、丸いあんこがぽん、と置いてあるんだけど、花びらに露が落ちたという見立てです。今でもありますよ。四月のお菓子といえば、これと桜餅ね。あたしは長命寺の桜餅が大好きで、桜の葉を二枚ほどいっしょに食べます。

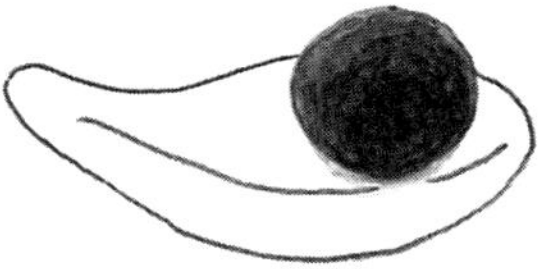

いただき

■札所めぐり

四月十七日は春土用。この日から立夏の直前までを土用の期間といいますが、このあたりから、行楽シーズンが始まります。

江戸時代から遊びと信心はつきものだけど、若いころのあたしは、いつも仲間と札所めぐりをしてました。あんまり寒いときにはやる気にならないので、まず、この時季に第一歩を踏み出すわけ。そうすれば夏の暑い盛りも、小雪がちらつくころも続けられるんだけど、なぜかこの時季に始めないと続かないんだね。

坂東三十三ヵ所めぐりの第一番は、鎌倉の大蔵山杉本寺です。二番の海雲山岩殿寺、三番の祇園《ぎおん》山安養院田代寺、四番の海光山長谷《はせ》寺あたりはかたまっているから、一日目に行くとしたらその辺をまわればいいんだけど、坂東三十三ヵ所というのは東京、神奈川、埼玉、千葉、茨城、栃木、群馬と、関東一円にある。だから地域によっては二度に分けたり一泊したりして、三十三の寺を巡礼する。

三十三番、千葉県館山の補陀洛山那古寺まで、地図を見ながらコースを考えるだけでも楽しいものですが、中でも、茨城県の二十一番、八溝山日輪寺はとても険しいところで、ここだけ、ついつい飛ばししちゃったりする。今では車で登って行けるようになったけど、「八溝知らずの坂東参り」なんていわれて、難所として知られてました。

短期間に満願を迎えたければ、秩父三十四ヵ所をお薦めしますよ。坂東より一ヵ所多いけども、なにせ秩父に限定されているので、五日か六日ぐらいでまわれる。

お寺に行くと、その都度、納経帳にお寺の名前を墨で書いてもらって、御朱印を押してもらいます。納経帳が三十三ヵ所全部打ち止めになると、ちょいとうれしいわけ。あるいは二回目になると、今度は納経帳じゃなくて行衣、巡礼のときに白いちゃんちゃんこみたいなのを着るでしょう。あれが行衣。あそこに墨で書いてもらって御朱印を押してもらったりする。

関西方面では、西国三十三ヵ所というのがあります。坂東三十三ヵ所、秩父三十四ヵ所、西国三十三ヵ所を足すとちょうど百ヵ所になる。これを百観音といって、全部まわるとご利益もあるし、仲間内じゃあ「どうだい？」って、ちょっと自慢できたりするんです。

あたしはこの札所めぐりのとき、いつも弁当を持っていくことにしていました。寺の境内の一角を借りるんだから、なるべく食べやすいように、おむすびを持っていくことが多かった。

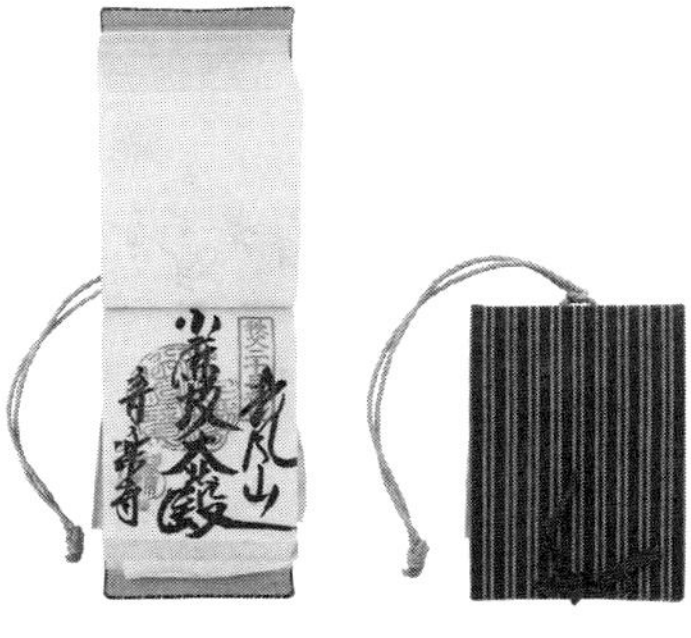

納経帳
カバーは布製。左は開いたところ。御朱印が押されている（提供：田中信夫氏）

山道を登ってやっとお寺について、観音様を拝んでお賽銭《さいせん》をあげてから、「ちょいと境内で弁当を使わせていただいてもいいですか」って聞くと、「巡礼の方ですか、ご苦労様です」なんて言ってお茶を入れてくれたり、漬物や自家製のこんにゃくを煮て出してくれたりして、ありがたいなあなんて思いながらお弁当を食べるのがうれしかったね。

弁当を使わせていただいた後、住職の許可を得て、持っていった納札用の竿《さお》で千社札を貼らしてもらうんだけど、人気の札所となると、江戸時代からの有名な札がいっぱいで、そのすきまに小さい一丁札という、だいたいですが四センチ五ミリ×十七センチほどの札を納めるのがやっとです。それでも「神田二見」だの「金川志ん馬」だの「いざ夜」だの「可ざり辰」だのという昔の人の札のすきまに自分の札が入ることはうれしかったですね。

一般的な巡礼の服装

巡礼の思い出はいろいろありますが、あたしが若いころ、五徳山水澤寺に行ったときの話です。あたしたちが札所めぐりをやるときは、一般的な服装と違って、股引に腹掛けと半纏で、上から道行を引っかけて、菅笠《すげがさ》をかぶり草鞋《わらじ》を履いて、ちりんちりんと鈴の音を鳴らしながら行くわけですが、その日は寒かったんで、「うどんでも食べようか」なんて言って、水澤寺の階段の下にある店に入った。水澤の観音様って、うどんの名所なんです。店に入って間もなくすると灰が降ってきて、どこかで焚《た》き火でもしてるのかと思っていたら、灰じゃなくて雪だった。こっちは草鞋です。草鞋って、指の先が出ちゃうでしょう。だから、草鞋がけと呼ばれる刺し子の足袋を履くわけだけど、それが直接地面について、びしょびしょに濡れ

巡礼中に千社札を貼っているところ
（写真提供：田中信夫氏）

て、もう冷たくて仕方ない。

その日は伊香保温泉に泊まる予定だったんだけど、最終のバスが出たあとで、もう坂道をずっと歩かなきゃならない。編み笠をかぶっているもののたいへんな寒さで、雪が少しずつ積もっていく中を「寒いねえ」なんて言いながら歩いていく。江戸時代はこんなふうだったんだろうな、なんて思いながらね。

伊香保温泉に着くや否や、もうすぐに草鞋を脱いで、浴衣に着替えて、上から丹前引っかけて、六人ぐらいいた仲間が「食事なんかあとでいい、お燗《かん》つけてよ、お燗」って、みんな震えながらとにかく温泉に入った。徳利を持ってね。すると、足がじーん、と徐々に温まってくる。そして茶碗酒《ちゃわんざけ》を飲んで、身体の中も温めるの。そんな思い出がありますね。

■半纏の匂い

浅草の四月の半ば過ぎから五月は、本藍《ほんあい》の匂いがする季節でした。三社祭が近いでしょう。仲間内で「おい、そろいの半纏つくろうぜ」なんて言って、染め上がったばかりの半纏の藍の匂いが、そこかしこから匂ってくる。本藍で染めたものは、なんともいえない匂いがするんですよ。昔はいろんな連中が半纏をつくったり新調したりするもんだから、街を歩いているとぷーんと匂いがして、だれか新しい半纏を染めたんだろうな、と思うんだね。

昔は染め上がったばかりの木綿の半纏を着ると、襟や腕が藍に染まったりしてね。年寄りからは、「半纏は染めてすぐに着るな。我慢して二、三年、寝かしておくんだよ。そうすると落ちが違うよ」とか、「酢につけておくとあんまり色落ちしないよ」なんて言われたもんでしたが、染めたらすぐ着たいじゃない。最近は本藍染めじゃないものが多いから、色が落ちたりしなくていいんだろうけど、ちょっとあの匂いがなつかしくなりますね。

だから、あたしの店の夏の麻暖簾《あさのれん》は、白地に墨で店名を入れていますが、秋から冬にかけては藍染めに白抜きの暖簾にしています。何年かすると、びりっと破れるくらいぼろくなってくるので、二、三年に一度、新しいのを染めてもらって、藍の匂いを楽しんでいます。

そんなふうに、今では匂いというものに至るまで、江戸の風情が遠くなってきているんですな。

■春の食べ物

この時季は、魚類とか野菜とか、おいしいものがいろいろ出てくる。行楽に行くと、茶店で木の芽田楽なんか出してくれたりして、木の芽時といわれるときにそんなものがちょいとあしらわれていると、春だなあという感じになりますね。

春にはたけのこが出てくるでしょ。たけのこの皮をよく洗って、そこに梅干しを置く。それを三角に折って、角のところからちゅうちゅう吸うんだよ。そうすると竹の皮の香りがするんだな。下町の子なんかは、みんなごくあたぼうにこれをやってます。あたしはあんまり好きじゃないんだけどね。

それから、あさりね。あさりといえば、深川めし。深川めしは味噌であさりを煮て、煮え切る手前で長ねぎを入れて、ご飯の上にかけて食べる。これはほんとは、仕事の合間なんかに立ったままでさっと食って、すぐにまた仕事に行くとかね、そんなふうにして食べるものですよ。深川あたりの漁師が食っていたもんだからね。

ほかの食べ方としては、まず、あさりのむき身をから煎りして、ぷくっと膨らんだら生煮えのままざるにあけちゃう。そうすると下におつゆがたまるでしょ。このおつゆにちょこっとみりんとか醬油を入れて割り下をつくる。そこに笹がきごぼうをばーっと散らして、ひと煮立ちしたらざるにあけておいたあさりを戻して、卵でとじて丼にのせるの。これ、あさりの代わりにどじょうにすれば柳川だよ。いかにも昔の人のような食い方だね。

冬場って、保存食や鍋なんかが多いけど、春になると伸びやかな感じで、その場でちゃちゃっとつくって食べるみたいなものがうまいよね。

五月

■団十郎の朝顔

世間一般はどうだか知らないけど、あたしは五月の一日、八十八夜の日に、朝顔の種を蒔《ま》くんです。江戸時代の朝顔は、やっぱり「団十郎」をよしとするんだ。朝顔というと、ほとんどが水色、ピンク、藤色でしょう。ほんとうにおつなのは団十郎といってね、薄い茶色、樺色というのかね、そんな色の朝顔があるの。江戸っ子に愛されたものですよ。天下の団十郎の名前を使っているわけだからね。たぶん、成田柿にちなんでそう呼んだんだと思うんだ。成田屋の柿ってもっと濃いんだけど、それよりは淡い、代赭《たいしゃ》の薄いやつみたいな色ですよ。

種を蒔くと、それが六月ぐらいに咲く。すると、「おい、違うね」ってことがあるんです。団十郎じゃなかったって、がっかりする場合があるんだな。で、咲いたときには「やった、団十郎。成田屋」みたいな、そんな楽しみがあるんだよね。

朝顔といえば、御徒組《おかちぐみ》といって、将軍が町を行くときの警備の侍がいたでしょ。彼らがいたところが御徒町なんだけど、将軍が町へ出ない限りはなにもやることがないから、朝顔の栽培をやった。だからあの時代に朝顔の種類がめちゃくちゃ増えたんです。それが、後の朝顔市になっていくんですよ。

■端午の節句

五月五日は「端午の節句」。端午の「午《ご》」は「五《ご》」に通じるということで、端午は月の始まりの五の日を意味します。なんといっても七五三というくらいで、奇数は陽の数字ですから縁起も良いんです。

このころは菖蒲《しょうぶ》が咲くでしょう。この菖蒲は「尚武《しょうぶ》」と同じ読みだったところから、鎌倉時代から男の子の節句となった。のちに鎧兜を飾ったりというのも、みんなその辺からきてるんですね。

で、邪気を払うために、菖蒲湯に入ったりするんだけど、湯に入るっていったって、あたしの子供のころはほとんど湯屋、今でいう銭湯ですから。そうすると、湯船の中に菖蒲がばーって浮いてるんだな。これを、蛇口のところへ行って洗って、中身をすっと出してね、いちばん下の割れてるところをくわえて、すっ、すっと吸うと、ぴゅうぴゅう音がするんですよ。これは一度音を鳴らしたら、人に取られたくないから鉢巻きにするんだ。え？　知らない？　男の子はみんな、菖蒲でもって鉢巻きするもんなんだよ。

それから、菖蒲打ちなんていうのもあったね。菖蒲の葉っぱで地べたをぴしっ、ぴしっ、てたたくの。いい音がするかとか、何度たたいてもまだ切れないとかっていうのを競うんだけど、実にたわいない。それで、柱に背くらべの傷をつけたり、かしわ餅を食べたりなんていうのは、五月五日のお節句のコースですよ。

かしわ餅を食べる理由の一つが、かしわの葉っぱっていうのは、新しい葉が出るまで古い葉が落ちない。それが子孫繁栄につながるということなんだね。形が子供の手に似ていることもある。かしわ餅を包んでいる葉っぱは、表向きと裏向きで中のあんが違うでしょう。葉が表になっているのがあんこで、裏が味噌あん。なぜか好き嫌いがあって、みんなあんこのほうが好きみたいですな。

ちなみに、ちまきを食べるのは上方の方が多くて、江戸ではもっぱらかしわ餅です。

菖蒲の鉢巻き

■男女が交わってはいけない日

五月十六日はたいへんですよ。「男女が交わってはいけない日」。男女が交わると三年以内に死ぬよ、っていわれているとんでもない日です。

もともとは中国の医学書等から引用されたもので、日本でいちばん古い平安時代の医学書『医心方《いしんぼう》』の第二十八巻「房内篇《へん》」に書かれています。これは、公家の寝室だとかの、夜のことについて書いてある教科書。今も、京都の仁和寺《にんなじ》に保管されているらしい。

この五月の十六日っていうのは、ちょうど三社祭の直前でね。祭りのころになるとわくわくして恋をするという話を聞きますが、そうなると、浅草の人間なんかは、死ぬ確率が高いんじゃないかって思うんだけど、これがなんと江戸時代に入ると、『艶話《つやばなし》 枕筥《まくらばこ》』という本に、この二十八巻だけが独立してまた出たりしている。最近でも、泉書房というところが出版しましたね（二〇一〇年十一月現在絶版）。

■夏祭り

五月は夏祭りの時季。三社祭も、本来は三月だったのが五月になる。明治五年の十二月が改暦で、六年から五月に移りました。神田祭も、今では三社祭とほぼ同じころだけども、昔は九月の十五日に行われていた。神田祭と日枝《ひえ》神社の山王《さんのう》祭、この二つが将軍ご上覧の祭り、つまり天下祭です。

山王祭は六月十五日だけど、子・丑・寅・卯の「子」から始まって一つおきの寅・辰・午・申・戌、神田は「丑」から始まって一つおきの卯・巳・未・酉・亥に大祭が行われているんですね。子から始まるっていうのは、山王はやっぱり、それだけすごい権威があったということなんでしょうね。

この山王様は、埼玉県の無量寿寺というところに奉ってあったのを、太田道灌《どうかん》が江戸城内に勧請した。三代将軍家光は江戸城内で生まれているんですよ。ということは、将軍家の人間にとって、完全な氏神様でしょう。産土神《うぶすな》。これ、粗末にできないわけですよ。だから、将軍家とのかかわり合いがすごく強くなるんだね。

たとえば一七二八年（享保十三）、ベトナムから象が献上される。象だよ、あなた。それもつがいの象が長崎に来る。だけど、来るまでの間に、雌のほうは死んじゃって雄だけが残る。この雄の象が、最終的には献上されたものだから、江戸城まで歩くんだ。長崎から船に乗って、じゃないんだよ。自力だよ。たいしたもんだよ。その途中で、天皇に拝謁《はいえつ》しているんだね。ところが、天皇に拝謁するとなると、象に位をつけなきゃいけない。で、「従四位」の位を象に与えちゃう。すごいでしょ。それで天皇に拝謁して、吉宗がご上覧した。その後、象は御浜御殿でずっと飼われていたといわれています。

これを記念して、このときの山王の祭りでその象が練り物になった。練り物っていうのは、いわば祭りのテーマだね。山王の氏子たちが、象のでっかい張りぼてみたいなのをつくって、四肢に一人ずつ人間が入って歩いたんだけど、祭りの練り物になるっていうのは、もうたいへんなことなんです。

それから、附け祭りなんていうのもおもしろい。これは、祭り自体を盛り上げるための余興というか、趣向だね。これも、その年によっていろんなことをやる。

山王や神田は将軍ご上覧の祭りだから、そのときには、江戸城内に山車《だし》だのなんだのが

「六月十五日　山王御祭礼　其二」
『東都歳事記』より
山王祭の象の練り物。肢（あし）の部分に人が入っているのが見える

み元祿頃板の
江戸名所
ゑかふうし
さめハ
ひやせく
とるハ
狂ふり
ゆ付山王
祭の方ゟ
来る
へー

五月

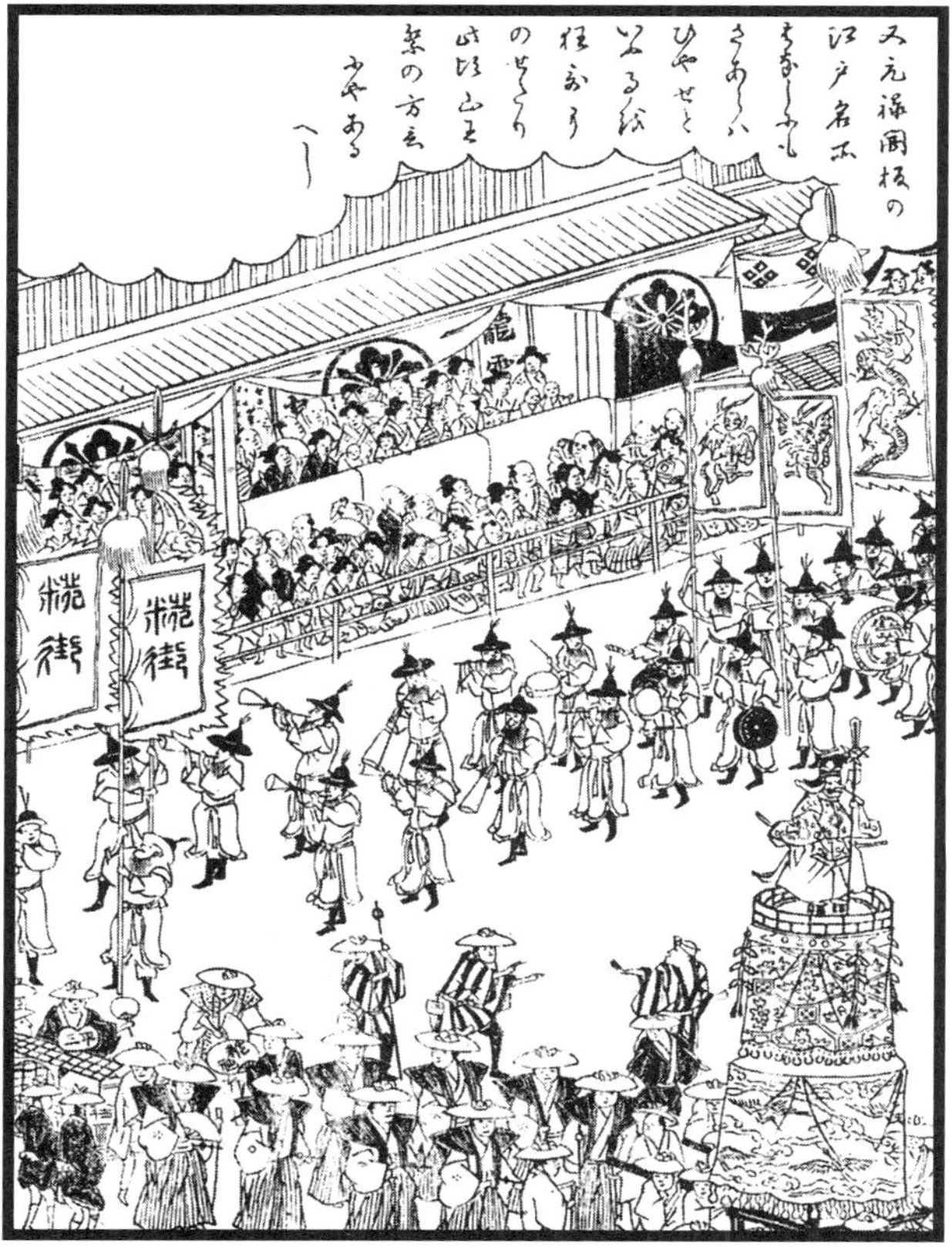

入っていけるわけ。そうすると、たとえば今、こういう芝居が流行っているというと、お女中たちが「ねえ、そのお芝居、附け祭りにしてよ」って、リクエストしたりする。売れている役者の着物のデザインを浴衣にして、全員がそろいで着たりだとか、その芝居で見立てた趣向をやるんだね。この附け祭りは、非常に華やいだものだったといわれています。

■三社祭

じゃあ、三社祭はどうかというと、別にご上覧でもなんでもないんだけど、いってみりゃ浅草はいちばんの盛り場だからね。ということは、どうしたって派手になる。「どうだい?」みたいな、すごいことをやりたがるわけですよ。そのころは山車の祭りだから、山車が立派になりすぎちゃう。天下祭より派手になっちゃったんだね。そこで、三社祭は山車が禁止になって、みこしがメインの祭りになっていくんです。

だいたい、三社の祭りがどういうものだったかっていうと、鎌倉時代末期の『応永縁起』に出てくるんだけども、まず一三一二年(正和《しょうわ》元)に最初の三社祭が行われている。だから、二〇一二年でちょうど七百年目。

このころは、まだ地味に舟渡御《ふなとぎょ》の祭りとしてやっていました。観音様が隅田川から上がったんで、その御霊を乗せたみこしを舟に乗せて隅田川を上ってくるというものだったんです。それがだんだんと派手になっていく。

どうなっていくかというと、三月の十七日、堂上げの日。この日に浅草見附（現在の浅草橋のあたり）に、各町の山車が集まる。どこの町会はどういう山車と決まっていて、それが出発して浅草の方に来る。現在の仲見世の方へずーっと来て、仁王門（現在の宝蔵門）を抜ける。抜けたところに、昔は舞台があった。そこで、その各町会が山車ごとになにか余興をやって、それが全部終わると同時に、本社宮みこし三基

三社祭の堂下げ（写真提供：浅草観光連盟）

をみんなで本堂に上げていく。これが堂上げです。

翌朝、今度は堂下げ。この宮みこしを本堂からおろし、黒牛の牛車《ぎっしゃ》に乗せて見附まで持っていく。で、見附の方では、大森海岸の漁師が朝から舟を清めておく。みこしが見附に来ると、これを舟に乗せる。この大森海岸の漁師というのは、もともと浅草の漁師ですからね。浅草が殺生禁断になったために、浅草では漁ができなくなって、仕方なく大森へ移ったわけだ。だから、そういうことをやれる権利があるんです。

みこしを舟に乗せたら、櫓舟《ろぶね》でもって漕いで、駒形堂《こまがた》のあたりから陸に上げる。というのは、観音様が今戸のあたりで見つかって、駒形堂のところから上陸したといわれているからなんですね。それで、上がったみこしを肩に担いで、もとのみこし庫に持っていくという、これが三社祭です。

そうすると、みこしが通るところは、前の日から山車は全部来るわ、行列は行くわという、それもいちばん派手だからたいへんです。この通り沿いに住んでいる人は、自分の家の前を桟敷にする。そこへみんな親戚やなんかを呼んで、飲んだり食べたりしながら見るわけだ。

そのとき、桟敷をつくらせるのにかかったお金は、四両ぐらいといわれています。江戸時代の間に一両の価値も変わりますが二十万から四十万。高いよね。そのぐらいかけても、派手にしたかったんだろう。そういうものが江戸の中心部の祭りだから、どこもこれに勝とうなんていう了見はない。だって、ものすごいお金をかけていたみたいですよ。どこにも負けないという、「意地」と「張り」がそこにあったんですね。

三社祭の練り物というのは、仮装行列やなにかもあるわけ。たとえば山王だとか神田でも、テーマによっては、町人だって自分の娘をお姫様にすることもできちゃうわけじゃない。このときだけは許可されるんだから。かごに乗せて行列させたり、踊り屋台の上に乗せて踊らせたり、そういうようなこともやっていたのが練り物ですからね。

そのときはもう無礼講ですよ。「なにを言ってんですか。あんたね、みんな練り物ですから」みたいな感じで、侍に文句も言われないで済むわけです。

■川開き

五月二十八日の「川開き」から、八月二十八日の「川じまい」。この三ヵ月間はすごいですよ。ただの川開きじゃないんだから。いってみれば、派手にいろんなことをやっていい期間。花火を上げてもいいし、両国橋東詰、今の国技館がある側ですな。あの辺には臨時でいろんな屋台も出る。料理屋も営業時間の延長が認められていて、普段より長く仕事していいんだから、そりゃあたいへんでしょう。とにかく人がたくさん集まる。

両国橋の西詰のところの一歩手前、今の蔵前には江戸時代に幕府の蔵があって、江戸の侍はここで春夏冬の三回に分けて本俸をちょうだいする。本俸、つまりサラリーですな。ところがたいがいは、米でもらうんだ。でも、米なんてもらっても生活するには困るから、札差に受け取りを頼んでお金に換えてもらうんですね。

札差は、この米を売った差額で儲けるわけです。その儲かったお金を貸したりして、俗に「十八大通《じゅうはちだいつう》」といわれている大金持ちが札差の中にあらわれる。で、この人たちは、なるべく自分のうちの近所に、いいホームバーをつくりたいと。あんまり遠くまで行かないで、この辺で飲みたいなということになって、それで柳橋の花柳界ができるんです。

すると、「ちょっと花火上げてよ」なんて言って、ドーンといっちゃうわけだから、向こうでも上がる、こっちでも上がる。すごいですよ。それから屋形船で、芸者上げてわーっと騒いだりなんかして、「花火何発、立て続けに頼むよ」なんてお金を渡すと、ドンドン、ドーンと上がるわけでしょ。「一両か花火間もなき光かな」なんて宝井其角《たからいきかく》が詠んでいる。

観音様にお参りした連中やなんかも、船でずーっと両国の方に来る。夕方から、このあたりでもって騒いで、というようなこともあるわけです。だから両国橋東詰と浅草は、連帯しちゃうわけじゃないですか。その人出の多さというのは、とんでもなくすごかったんだろうな。もしも昔に戻れるならば、あたしはこのころに戻りたいね。

花火についていうと、この三ヵ月の間は、町の中での打ち上げ花火は、本来は禁止されています。大川筋、大川っていうのは隅田川のことだね。大川筋や、海辺での打ち上げなら構わないといわれている。ただし、大からくり、つまり仕掛け花火と、流星という花火は、どこであっても一切禁止。だけど、一七三三年（享保十八）から、打ち上げ花火が普通に行われるようになった。

その一つには、当時は疫病やなんかで死んじゃう人がいっぱい出てくるじゃない。この霊を慰めるために、悪疫退散を祈る水神祭りとしてこれをやっていたわけですね。水難事

薫かを開春筆

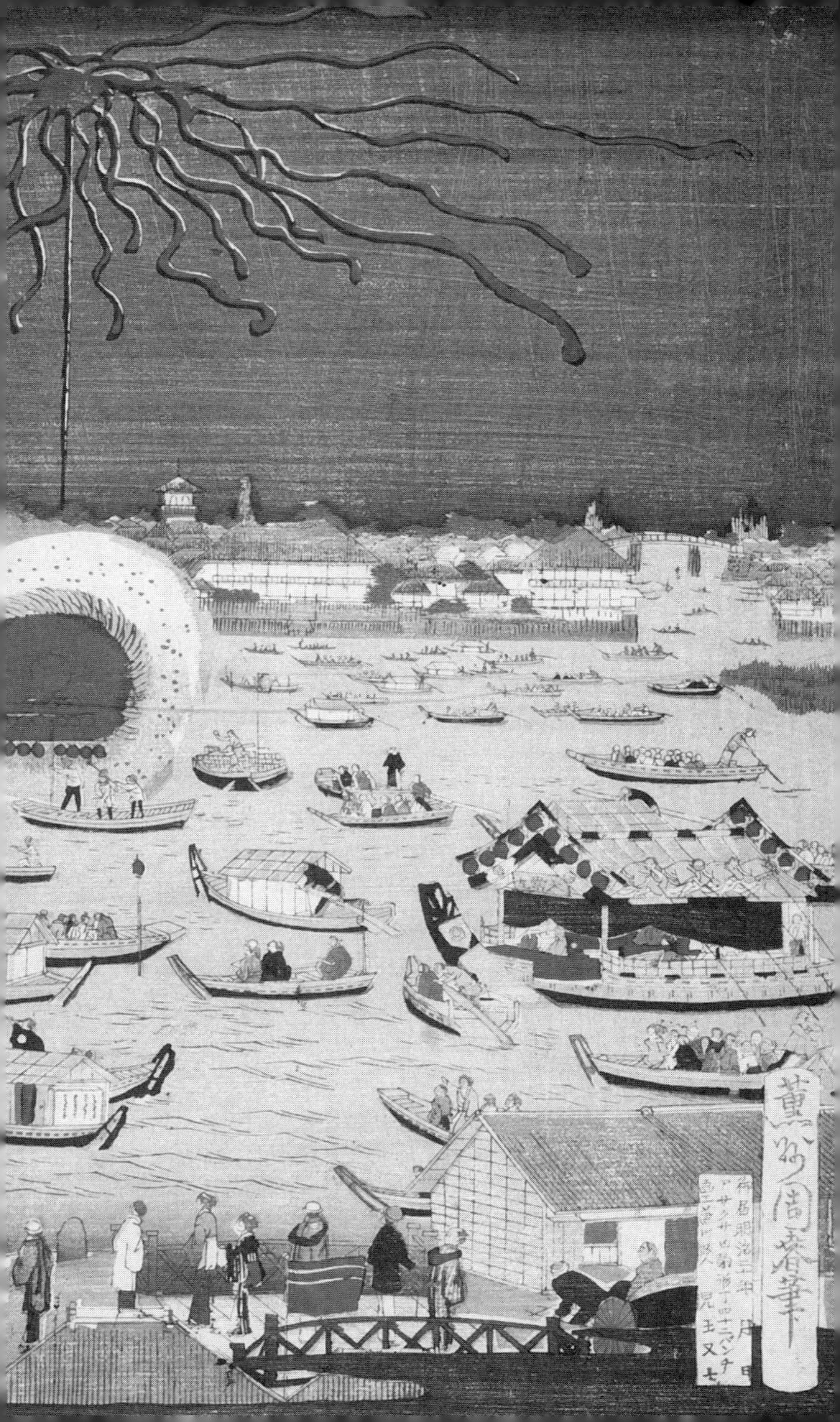

「両國橋大花火之真図」（部分）
薫州周春画（提供：中川船番所資料館）

故なんかの供養のために、川施餓鬼《かわせがき》というものをやったりする。

ちなみに、有名な玉屋というのが両国橋より上流、鍵屋が下流というふうに分かれて打ち上げた。


両国橋の川開きって、あたしが十三歳までやっていたんですよ。あのころは、うちの角の店が住まいで、上に物干しがあって、物干しの上に乗ると花火が見えるんです。たいがいどこでも物干しがあって、隣の物干し、その向こうにまた物干しと、「気をつけるんだよ」なんて言われながら、瓦《かわら》屋根の上を鼠《ねずみ》小僧みたいに歩いていくんだね。そうすると、向こうにあるスイカをごちそうになったり、こっちからなにか持っていったりね。あるいは、こっちはサイダーがある、あっちにはオレンジジュースがある。で、サイダーとグラスを持っていって、サイダーとオレンジジュースのミックスしたやつをおたがいに飲んだり、なんてことをよくやったもんです。そんなことがいっぱいありましたね。

そういうことで、この三ヵ月はよく覚えといてください。よーく遊ぶときですよ。江戸の人間が、めちゃくちゃ遊ぶときです。

六月

■衣がえ

六月に入ると衣がえで、やっと単衣《ひとえ》になる。単衣は六月一日から末までで、七月一日から八月の末までは薄物。薄物っていうのは、絽《ろ》とか紗《しゃ》とか、上布のこと。そして、九月一日から十日ぐらいまでがまた単衣で、それ以外が袷ですね。だけど、袷の時季でも十月の寒くなるころになると、綿入れみたいなものを着ます。この綿を抜くのがさっきの四月一日、「わたぬき」さんね。

旧暦では三社祭は三月でした。でも、改暦で五月に変わったでしょ。そのときから、三社祭では浴衣を着ちゃうんだね。これはもう、

長屋の風景

地域限定のファッションみたいなものですよ。だから六月になると、大手を振って浴衣を着たりするんだけど、女性なんかも、みんな浴衣にたすきがけで仕事したりなんかするわけ。たすきっていっても、野暮な太い、なにか腰紐みたいなものじゃなくて、細い糸に近いようなものですよ。三味線のお稽古をやっている人は、三味線の糸が切れるじゃない。そうするとこれをつなぎ合わせて、たすきにしたりするんです。

昔は、衣がえの日から着物を替えなきゃいけないという、決まりが一応あった。だから、今でも着物の人は、「おかしいですよ、あなた。もう袷じゃなきゃいけませんよ」とか言うけど、暑いのに袷なんか着たくねえなと思うでしょ。そういうことをいうから着物離れ派がね、多くなっちゃったんだよ。ちょいと暑いなと思ったらさ、十月の声を聞いても単衣でいいじゃないか。ばかに寒かったら、綿入れ着たっていいじゃないか。もうちょっと楽に着たほうがいいなとあたしは思うよ。

江戸時代の人たちは、何枚も着物を持っているわけじゃないんです。長屋なんかに住んでると、行李《こうり》いっぱいの中に入るだけの着物しかない。長屋には押し入れがないですからね。しかも年がら年中火事が起きるから、いろんなものを持っていたって、逃げるのがたいへんでしょう。「そろそろ袷だな」なんていうと、みんな裏だけを縫う。つけ足しちゃうの。寒くなったなって思うと、真綿を入れる。で、暑くなったら裏を取ってまた単衣にする。

呉服太物《ふともの》なんていうのがありますが、それは木綿物や麻のものです。普通、呉服といったら、絹の着物のことをいいます。反物で買うような人っていうのは、わりとお金があった家だね。たいがいは、古着といわれるものを買ったんですよ。昔は、浅草橋の高架のちょいと向こうあたりに、そういう古着屋がぱーっと並んでたんだけど、古着っていったって、もうだめになっちゃったやつだけが古着じゃない。一度、袖を通しただけでももう古着ですから。だから、呉服屋で反物を買おうっていう人のほうが少なかったんですね。

で、普通はそういうところで着物を買って、だめになってくると、浴衣なんかはおしめにするとか、雑巾にするとかいろいろあるんだけど、絹物なんかはね、最後は燃やして灰にするんですよ。絹の灰というのは、灰屋では高く売れる。無駄がないんだね。最後の最後、灰になるまで大事にしたんだから。

エコなんていってたって、今はそこまでやらないでしょう。昔のエコというのはすごかったんだ。そこまでやったら、外国に対して大きな顔ができますよ。

■山開きとお富士さん

六月一日は「山開き」の日でもあります。山開きになると、ほんとの富士山に行く人もいるけど、「お富士さん」といって、人造のちっちゃな富士山に登ってお参りしました。一応、ちゃんとした講のような感じで、「六根清浄、お山は晴天、大天狗《てんぐ》、小天狗」っていうかけ声をかけながら上がっていくんだけど、晴天じゃなくても、「お山は晴天」ってかけ声は決まっていた。昔は、どこの町内にも一つは講中があって、富士講は大ブームだったそうです。お参りこそがレジャーだったからね。

お富士さんのときには、みんな浅間《せんげん》神社に行って、麦藁蛇《むぎわらへび》というのを買います。麦藁でつくった蛇ね。あたしたちは「わらへび」って呼んでるけどね。これをたいがい、水道の蛇口に結わきつける。昔は井戸端に結わいたらしいんだけど、そうすると水あたりをよけるというんだね。これはもう、この時季の行事ですな。「今年はわらへび受けそこなった」

なんて言うと、「危ないよ。水あたりするぞ」って言われるぐらい、そういうことがごくあたりまえにあったのね。

それから、植木市がある。特に、浅草のお富士さんの植木市は有名で、境内に植木屋がずらっと並ぶんです。盆栽からなにから、根っこのついた松まで売るんだからね。竹なんかも、下に土がついたまんま売ってたりする。

そこでは、鈴虫や松虫だとか、必ず虫を売っています。買うと、竹ひごみたいなものでつくった小さなかごに入れてくれるんだけど、そのときに、片方に麻かなんかの布が張ってあるちっちゃなコップみたいな竹筒があって、まずそこに虫を移す。で、その竹筒を小さなかごの入り口のところに当てて、片方からふっ、と吹くの。布だから、息は通るでしょう。そうするとその息でもって、かごの中にぽん、と虫が入るんだ。

麦藁蛇
水道の蛇口に結んで下げておく

中には、蛍なんかも売ってたりして、買って帰ったら電気を消して、蚊帳《かや》の中に逃がすんですよ。すると蚊帳の中でぴかっ、ぴかって光るんだよ。これがうれしくてね。もう、毎年の恒例行事ですよ。そういうのが実に楽しかった。

あとは、糝粉細工ね。糝粉っていううるち米の粉で、飴《あめ》細工のように細工物をつくってくれる。ちっちゃな急須と、ちっちゃな湯飲み茶碗を幾つかつくってくれて、お盆の上に載せて、その急須の中にみつを入れてくれる。それを、その湯飲み茶碗に注いで飲むんだな。野菜や果物もつくってもらえるしね。糝粉細工のほうが、飴細工よりちょっと高いんです

飴細工
熱してやわらかくした飴にはさみを入れ、動物などの形をつくる

虫売り
小さな竹筒に虫を移し、ふっと息を吹きかけてかごに移す

が、おつなものでしたよ。

飴細工も、もちろんいいのがあった。白い手甲をしたおじさんが飴を練って形をつくって、はさみでぱちぱちぱちぱちと切ってくれて。うまいもんだなと思ったけどね。

それから、外れの方には羅宇《らう》屋がいる。キセルの吸口と雁首《がんくび》があるでしょう。雁首ってのは、煙草を詰めるところね。吸口ってのは吸うところ。この間が羅宇です。ここが割れちゃったり、ひびが入ったりすると、羅宇の部分を取り替えてくれたりするんです。ちょっと削ったりなんかして、いい感じになるんだ。観世縒《かんぜよ》りでもって、つっつって中に通して。このときに無駄な汚れを全部とってくれるんだけど、そんな職人芸をつぎつぎに見られるお富士さんの縁日は楽しい思い出になっています。

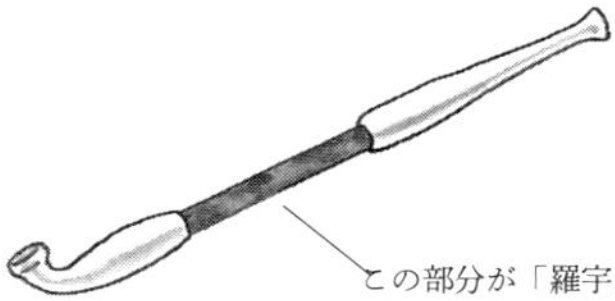

キセル

■氷室《ひむろ》開き

江戸時代には、六月一日に「氷室開き」というのがありました。この日、将軍に氷を献上するために、加賀藩が金沢から江戸へ氷を持ってくる。加賀からだよ。湯涌《ゆとう》温泉というところに氷室小屋があって、冬の間に雪を固めたものをそこに貯蔵しておく。で、天然の氷をそこから出して、四日かけて江戸へ持ってくるんです。

あたしらの子供のころだと、氷屋のおじさんが、自転車の後ろ、リヤカーのところに木の柵《さく》があって、そこに氷を載せて走ってくる。たいがいランニング姿で、大きなのこぎりと氷を挟むやつを持ってやってきて、「おじさん、氷一貫め」なんて言うと、じゃっじゃっ、じゃっじゃっと切ってくれるんだけど、その氷は冷蔵庫に入れるの。入れるっていったって、飲み食いに使うんじゃないよ。冷蔵庫の中のものを冷やすために入れるんですよ。当時はまだ電気冷蔵庫じゃないからね。あたしたちは、チョコレートやなんかが溶けないように、その氷の上に載せておいたりするんだ。

こういう下町の風景でいえば、たとえば湯屋へ行くでしょう。近所のおじさんやおやじに「おい、湯屋行くぞ」なんて言われて連れていかれるんだけど、この帰り道にかき氷を食べるんです。あたしたちの子供のころは、やっと手回しのかき氷ができたころ。モーターでがーっていうんじゃないからね。もうちょっと昔は、かんなで削っていたそうです。

かんなの上でもって、一貫目の氷をざっく、ざっく、ってやると下から出てくる。縁日でも、かき氷売りなんていうのがいてね、「冷たいの、召し上がってらっさい、らっさい。冷たいの、かき氷」なんて言って売ってた。

そのころは、氷イチゴだとかメロンじゃないですよ。ほとんど水《すい》です。氷水。知ってる？　みつほど、とろっとはしてないんだけど、水の中に砂糖を入れて溶かしたみたいなやつ。それがかかってる。そんなものを食べたりしていました。

■大山参り

六月二十八日から七月十七日までは、「大山参り」の時季です。七月十四日から十七日までにお参りすることを盆山っていうんだけど、このときに、まず隅田川の両国橋東詰で水垢離《みずごり》をとる。水を浴びて、身体を清めてから大山様に行くわけ。

これは庶民、つまり職人も商人も行く。あたしたちは、今でも大山講と称してお参りに行くんですよ。そういうときは、普通はさっきのお富士さんのときみたいに「六根清浄」って言いながら登るんだけど、そこで懺悔《ざんげ》するんだな。「浮気しました」とか、「借金してつらかったです」とか、いろんなことを言うやつがいる。これが昔の大山講ってもんらしい。今はあんまりそういうことを言ったりはしないんですけどね。お参りっていうのは、昔からレジャー、遊びなんですよ。

お参りのときには太刀を持っていきます。武士だったら刀を持っていくんだけど、普通の人は木刀を持っていく。それを奉納して、代わりにすでに奉納されてある木刀を持って帰ってくる。

この木刀のほかには梵天《ぼんてん》といって、けがれを祓うものもあるんです。東北の方では梵天祭りなんていうのがあって、ものすごく長いのがあるんだけど、大山のはごく短い梵天。坂東流の

大山講風景
（写真提供：田中信夫氏）

踊りで、この梵天をかついだ鳶の者が、着物の裾《すそ》をからげて踊る「山帰り」なんていう舞踊もあります。

お参りしたら、帰りはお清めといって、飲んだり、女性に酒の相手をしてもらったりいろんなことをします。今の話じゃないですよ。江戸時代の話です。女性のいる所ではありません。当時だと、場所はたいがい、品川、大森あたりだね。昔は麦藁細工のラッパなんかもあって、江戸っ子はそんなものを子供のおみやげに買ったりもする。

今でもそうだけど、山に登るときには講中をつくっていくんです。講中というのは、みんなでお参りするときのグループのことね。「〇〇講」なんて、講中ごとに名前がついている。

講中をつくっていくときには、たいがい、まず最初に宿坊に行きます。宿坊でもって、いよいよ山に上がるぞという装束に着替えます。夏の暑い盛りだから、麻半纏を着るわけですね。講のそろいの半纏を着て、下はふんどしを締めたり半ダコというものを穿く。

お参りに行く途中に、何ヵ所か滝があるんですよ。けがれを祓うために、滝に打たれるんだね。それで、ふんどし一本になって滝に打たれたら、つっつっつっと上がっていくんだけど、この「つっつっつ」もさ、結構疲れるじゃない。そうすると小銭を出して、山の上に向かって「裏か表か」って、ぽんと投げる。「裏」「表」と言い合って、ぱーっと走っていって、「ほらみろ、おれの勝ちだ」って。あるいはサイコロを出して、ぽーんと斜面の上の方に投げて、「丁か半か」。みんな、「丁だ」「半だ」ってやりながら上がっていくと疲れないんだ。そんなのが昔はいくらもありました。最も職人らしい山ですよ。

そして下社へお参りして、丈夫なやつは奥の院まで上がって、途中の茶店で一杯やったり、ところてんを食べたり、味噌田楽を食べたり、腹が北山（お腹がへったこと）になったりしてるときには、団子やそばを食べるんです。あるいは途中にきゃらぶきと葉とうがらしのうまい店があるから、そこに「姉さん、きゃらぶき幾つと、葉とうがらし幾つ頼んどくよ。名前はこういうもんだ」って言って上がっていくわけ。あたしは今でも大山に行くときはそうするんだけどね、帰りがけに受け取って、それを担いで山を降りてくるんです。

そのころには麻半纏も汗でびっしょりで、宿坊で風呂に入って汗を流す。半纏もざっと洗って、絞って、ぱーんとやって干しておく。麻の半纏はすぐに乾くんですよ。麻だから、お清めで一杯やっているうちに、帰りがけには逆にぴーんと突っ張っちゃうんだけど。

この大山参りは今でも我々もやっているし、鳶の連中もやっています。お清めはお酒を飲むだけですけどね。

■家の中の景色が変わる

このころになると、「枇杷《びわ》葉湯売り」なんていうのが来る。枇杷の葉を、甘草《かんぞう》なんかといっしょに煎じたやつを売りに来るんだけど、肌にもいいらしい。それから六月の末には「夏越《なごし》の祓《はらえ》」というのがあるでしょう。ここで上半期が終わりですというね。難をよけたり、けがれを祓うために、茅《ち》の輪をくぐったりもする。

そのときに「水無月」というお菓子を食べるんです。このお菓子は、三角形のくずの上に大納言、小豆がのっかっているんだ。この三角というのは氷をあらわすみたいだね。涼しげなこのお菓

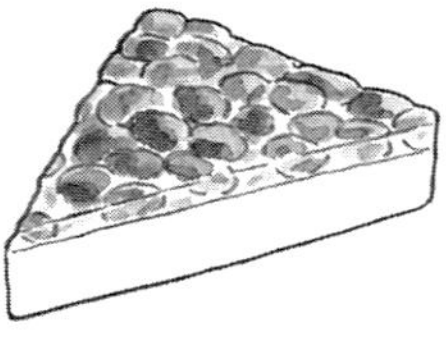

水無月

子を食べると、夏に入っていく。

　だんだん夏の準備が始まって、徐々に家の空気が変わってくる。まず、ふすまが外されて、すだれがかけられる。部屋の仕切りがすだれになるのね。そうすると、部屋がちょっと広くなった感じになるわけ。それから、茶だんすの中の景色が変わります。たとえば、木製の茶卓が籐《とう》の茶卓になったりね。

　これはあたしたちの時代の話ですよ。江戸時代にはそんなものはないかもしれないけれども、籐の茶卓になると、湯飲み茶碗よりも切子のコップなんかが茶だんすの中に増えてくるんです。で、麦湯がいつも冷まして置いてある。みんな麦茶っていうけど、あれはお茶じゃないですからね。いくら飲んでもカフェインがないから、子供たちでもどんどん飲んでいいわけ。この麦湯に砂糖の入ったやつがいいんだ。友人の橘《たちばな》右之吉《うのきち》さんは「それはぜいたくもんだよ」とか言ってたけどね。たしかに、なかなか砂糖は入れてくれない。親戚のところなんかに行くと出てきたりするけどね。

　それから、風鈴がつられます。江戸風鈴ってガラスだけど、最近のやつは下の切り口のところが、さわってても全然ざらざらしない。つるっとしてる。あれはね、大量生産のものが多いらしいんだけど、昔の風鈴っていうのは、切り口がざらざらしてるんです。そうじゃないと、あの音は出ないらしいですね。

あたしが好きなのはどちらかというと、おやじかなんかが岩手の方に行ったときに買ってきた南部鉄の風鈴。これはまたちょいとぜいたくなものでね。実にさわりがいいじゃない。ちん、といった後に響くんですよ。これがつってあると、涼しげでいいですな。

そして、蚊帳をつる金具が部屋の四方に取りつけられて、いつでも蚊帳がつれる状態になる。あたしたちの時代もそうだったんだけど、雷のときに蚊帳の中に入っていれば大丈夫だっていわれていたでしょ。

雷って、雷獣という化け物だと思われていたんです。雷がゴロゴロという音とともに落ちて、木がバリバリっと裂けたりなんかするじゃない。そうすると、雷獣のつめ跡だっていわれたんだから。蚊帳って麻でできてるでしょう。あたしたちの子供のころは、麻があることによって、電気を通さないっていわれてた。なんの根拠もないらしいけどね。

江戸時代の日本橋あたりには、「萌黄《もえぎ》の蚊帳」っていって、蚊帳を売っていた商人がいたらしい。これがね、半町一声、約六十メートル歩くまで「萌黄の蚊帳〜」って、ずっと一声で言わなきゃいけない。六十メートルだよ。すごいよね。それだけ声を延ばして売り歩いたらしいですよ。

それで、蚊帳の買えない人はどうするかっていうと、みんな和紙を張り合わせるんです。和紙を張り合わせて、ところどころに穴開けて、そこに薄い紗だとか、絹とかのきれを張ると、空気が通る。紙だけだと酸欠で苦しくなっちゃうからね。

そんなふうに、蚊帳があって、団扇《うちわ》立てには団扇がささってる。蚊やりが常に置いてある。軒を見ると、風鈴とつりしのぶがつってある。

つりしのぶっていうのは、枝みたいなやつが絡まったところから、しのぶの葉っぱが出てるやつね。その下に風鈴を下げたりする。これは夏が終わったら、新聞紙でぐるぐるっとくるんで、縁の下にしまっておくんです。ほったらかしにして一年過ごす。で、そろそろだねってころになると出してきて、水

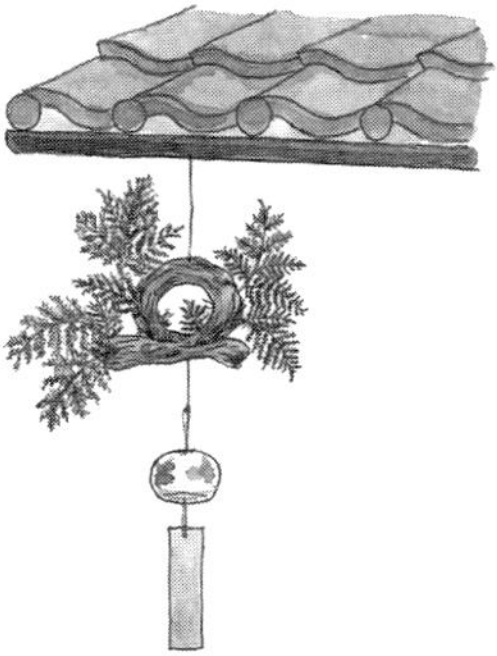
つりしのぶ

を張ったバケツの中にざっと入れて、何時間かつけておいたら、ざばーっと上げて軒につるす。ここから、ぽたぽた水が垂れる。そうやって毎日、朝に夕に水の中につけてつるしておく。すると、何日か経つとそこからまた葉っぱが出てくるんです。だいたい、五年から十年は出てきますよ。

そんなふうに、軒にはつりしのぶがあって、地面の方からは朝顔が伸びてくる。つるが伸びてきたころを見計らって、朝顔棚をつくる。

家の外側の景色がそんなふうに変わって、夏になるの。家の中から外にかけてが、夏の風情になってくるんですね。どう？　景色が見えてきた？

七月

■七夕と井戸さらい

七月七日は、だれもが知ってる七夕だけど、「七夕」と書くでしょう。七日の夕方ね。じゃあ、昼間はどうしてるって話ですよ。

この日の昼間は、江戸の人たちにとって、最も大切な井戸さらいの日なんです。これは、みんなでやらなきゃいけない。「おいみんな、井戸さらいだから、集まってくれよー」って、みんなでわいわいいいながら井戸の水を汲み出すんです。そして最後には中に入っていってきれいにするんだ。

江戸の井戸水というのは、あんまり料理なんかには使えないんです。海が近いから、ちょっとしょっぱいの。だから江戸には水道の水というのがあるんですが、この水は神田上水だとか玉川上水だとか、いろんなところから樋《ひ》を引いて、飲み水として江戸に流してあるんだけどね。これを飲み食いや、料理のときなんかに使う。だから、「こちとら江戸っ子だぜ、水道の水で産湯を使った」なんてことをよく言うでしょ。あの水道というのは、実はそういうことなんですね。

地下水というのは一つの流れだから、どこかの町内だけが井戸さらいをやらないと、その周りはみんな迷惑をこうむる。「おめえのところがやらねえから、こっちの水まで汚れちまう」ということになるわけ。だから、みんなでやるんですよ。

井戸の中に入ってさらっていると、落としちゃったかんざしやなにかが出てくる。「おーい、これだれのだー」「それ私のー」なんて声が出るわけですよ。で、いちばん底の方になると、井戸屋が全部、見事に洗ってくれる。これを昼間やって、夜になると七夕になるわけ。

七夕にはいろんな説があります。今でも牽牛《けんぎゅう》と織姫の中国説が続いているでしょう。じゃあ、日本ではどういうことなのかっていうと、このすぐ後に、お盆でご先祖が戻ってくるじゃないですか。そのときのために小さな棚を用意して、帰ってくる先祖に着てもらうために織ったミニチュアの着物を、そこに載せてお待ちするんです。だから棚機《たなばた》なんです。あたしの子供のころは、まだその棚がありましたよ。

■四万六千日

七月十日は「四万六千日」といって、この日にお参りすると、四万六千日お参りしたのと同じという、たいへんなご利益《りやく》のサービスデーです。この四万六千、昔からいわれているのは、一升ますの中に米粒が四万六千粒入るんだと。だから一生のご利益があると。でも、一升ますの中の米粒を数えたことがありませんので、よくわからないですけども、あとは四六時中の一万倍、なんてことをいう。

この日と前日の九日は、浅草では「ほおずき市」があります。「四万六千日、お暑い盛りでございます」なんて、先代桂文楽師匠が「船徳」という話をするときに言っていました。あれは、もともとほおずきじゃなくて、赤とうもろこしを売ってたんですね。これをぶら下げると雷よけになる。で、赤とうもろこしの出来が悪いときに、この時季に赤いもので代わりになるものはないかしらということで、ほおずきを持ってきたわけです。

昔は、海ほおずきもあったんだけど、今はなくなっちゃった。海ほおずきっていうのは海草で、口の中へ入れて、ぎゅっぎゅっと鳴らすんだけど、植物のほおずきを口で鳴らす方法って知っていますか？

あれは、いかに丹念にもみほぐすか。もみほぐした挙句に、ほおずきの頭を押さえながらぐるぐるまわすんです。そうすると根の方までやわらかくなってきて、ちょっとずつちょっとずつ、破けないようにまわしながら、すっ、と芯《しん》を出す。で、最後に水を入れて中

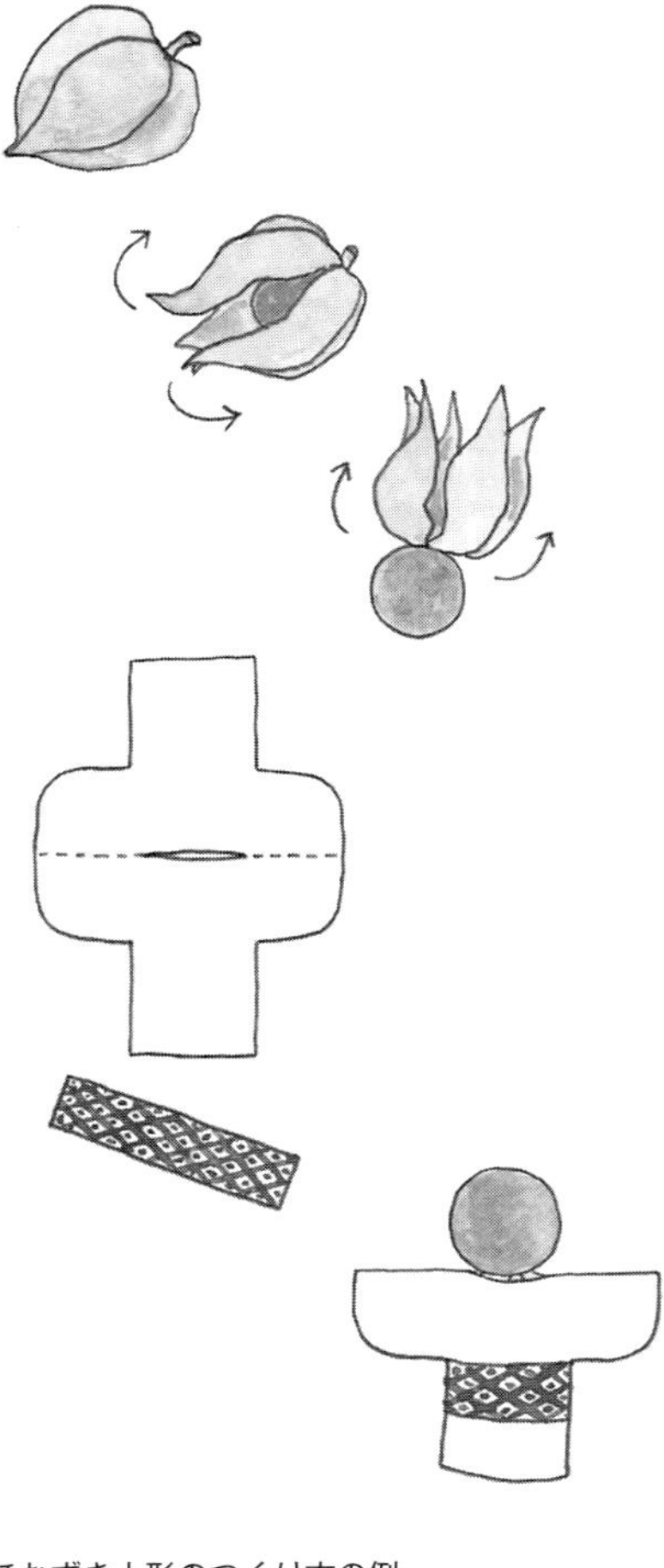

ほおずき人形のつくり方の例
ほおずきの皮をむいて、実の部分を頭に見立て、紙などでつくった服を着せる

味を出したら、舌の上に載せてぎゅっ、とやると鳴るようになるんです。これは非常に難しいんです。

それから、ほおずき人形っていうのがある。ほおずきの皮があるでしょう。それをむいて実の頭の部分だけを出す。で、皮を後ろにしておいて、千代紙やなにかで着物の形に着せると人形ができるんですよ。昔の子はこれで遊んでたんだけど、いつの間にか、遊ぼうって子がいなくなったね。

■江戸のお盆

今、お盆って一般的には八月でしょう。改暦の通りにしたんだろうけど、江戸っ子は頑固だよね。

迎え火の道具
台の上には蓮の葉の中に入れた水と茄子、お輪などを置き、地面に焙烙を置いてその上でおがらを燃やす

江戸のお盆は、七月十三日に家の門口のところで迎え火を焚きます。きゅうりと茄子で馬と牛をつくって、焙烙の上でおがらを燃やして、その上を三回またぐんです。焙烙っていうのは、素焼きの大きな皿みたいなものです。おがらは皮を剝いだ麻の茎ね。それを燃やして、その火でもって煙草に火をつけて、みんなでまわして吸うんだけど、そうすると喉《のど》を痛めないといわれています。

そんなふうに迎え火を焚いて、先祖がこちらに戻ってくるわけでしょう。だから、自分の家からお寺の方向にいちばん近い角のところまで「ご先祖様、どうぞお越しください」なんて、迎えにいくんです。十五日の送り火のときには、今度は送っていく。

浅草ではみんなやっていましたよ。うちでやってると、仲見世を通っている人が見にきたりするんだから。

焙烙灸
逆さにした焙烙の上に灸を置いて頭に載せる

■夏土用と暑気払い

夏の土用となると、いろんなことをやりますが、土用の丑《うし》の日にうなぎを食うなんていうのは、一説には平賀源内がうなぎの売れ行きの悪かった時期に、うなぎ屋のために始めたものです。土用というと、それまでは丑湯なんていうのがあるんですよ。夏土用の丑の日に薬湯につかるんです。そうすると健康になれる。

それから、丑浜なんていってね、丑の日に海の中に入るんですね。そうすると健康でいられるとか、いっぱいあるんだ。焙烙灸もそう。さっきの、お盆に使う焙烙があるでしょう。そこに山のようにお灸を据えて頭に載せるの。効き目があるとかなんとかではなくて、一つのおまじない的にね。

夏土用のころっていうと、たいがい暑いんで、暑気払いに「直し」というものを飲む。直しというのは江戸の言い方で、上方では「柳陰《やなぎかげ》」といいます。「青菜」という落語の中にも出てきますが、柳のある日陰で、ちょいと飲んで涼めるというところから柳陰というらしい。これは、焼酎をみりんで割ったものなんだけど、この焼酎はどうやら米焼酎のようです。

みりんというものは文化文政から天保年間に、江戸で一番の料理屋「八百善」四代目主人の栗山善四郎という人が書いた『料理通』という本があるんだけど、この中の一節に、「みりんを煮返して」っていうのが出てくるわけ。そうすると、みりんがちょっと焦げるんだな。それがおいしくするコツらしい。だけど、そうやって料理に使うだけじゃなくて、屠蘇散を入れてお屠蘇として飲んだり、飲み物としてのみりんもあるんです。

で、この直しはとろっとして、リキュールみたいな感じ。甘くてね。これはがぶがぶ飲むもんじゃないね。みりんは、冷たくすると固まっちゃうからそのままで、井戸水の中に徳利ごとつけておいた焼酎で割る。その程度の冷え方でじゅうぶんなんだと思うよ。これを飲んで身体の中の熱を外に出すという、この知恵、素敵じゃない？

だいたい、昔のアルコールの消費量っていうのは、今から比べるともっともっと多いんです。そのころ、お酒は樽で酒屋に運ばれてくる。それを酒屋がなにかで少し割ったりして、その店の味として出したりする。それは、水だけじゃなくて、焼酎をみりんで割るみたいに、アルコール分のあるもので割ったりもするんです。

そうやって、水だとかいろんなもので薄めることを希釈といいますが、希釈のかげんでいろいろと味が変わる。だから、同じ酒を隣町の酒屋で売っていても、味が違ったりする。その店独特の割り方をするんだね。江戸時代って、わりとそういう飲み方が多いの。だから、必ずしも酒屋が儲けるために薄めているだけじゃなくて、ブレンドしたり、希釈で薄くすることによって、朝から飲んだりできるわけ。それで、アルコールの消費量が多いんだね。

直しの場合は、ある説によると、焼酎二に対してみりん一っていうんだけど、この前、実は割り方をいろんな比率で試してみたときに、上方の人間が一人いたんだ。そいつはみりん二に対して焼酎一でいいって言う。だけど東京の人は、「いや、焼酎二でみりん一だろう」って言ったりね。これでかなり度数が違うんですよ。

ちなみに、あたしは一対一がうまいと思うんだけどね。

■夏を越す

夏っていうのは、たぶん、昔の人にとってはたいへんきびしい季節なんですよ。大人だけじゃなくて、幼児のうちに死んじゃったりする場合が結構ある。江戸時代は、寿命は五十歳だったりするでしょう。だから、夏を越せたというのは、おめでたい話なわけですよ。夏には夏独特のいろんな病があったり、水あたりがあったりというのは、もう普通に起こりやすいことだから、それをどうやって越すかということは、その時代の人にすりゃたいへんなことですよ。

だから焙烙灸にしろ、井戸さらいにせよ、みんな夏を越すための大切な行事ですよ。行事というか、なきゃならないものなんだろうな。

当時の人が夏を恐れ、そして信心を持ち、それからなんとか乗り切っていくために、暑気払いというようなものがある。

「蚊やり」っていう言葉があるでしょう。蚊は向こうに「やる」ものなんだ。殺しちゃうという了見じゃないんだよ。わかる？　江戸の人間というのは、あくまでも最後に逃がすんだよな。そうありたいということだね。

八月

■八朔《はっさく》

八月一日のことを「八朔」といいます。一般には、徳川家康が江戸城に初めて入城した日だったり、その年の新しい穀物を贈答したりして祝う日なんだけど、八朔というと、あたしたちにとっては吉原をイメージするくらい色っぽいことのような気がするのね。

というのは、吉原芸者たちが新しい出し物をやって見せたり、新しいおべべを着たりするんです。遊女じゃなくて、吉原芸者だよ。たとえば新作の吉原俄《にわか》が始まるんだけど、俄というのは特別な出し物みたいなもの。踊りが多いけど、博多俄なんかは漫才みたいなのをやったりもする。企画ものという感じですね。

この日は吉原の紋日です。紋日は旗日（祝日）のことですが、廓《くるわ》の紋日というのは、世間一般の旗日とは違って、この日遊女たちは白無垢小袖《しろむくこそで》に衣がえをする。なぜ衣がえが旗日になったかというと、着物からなにから全部替えるのは、たいへんなお金がかかる。どれだけの衣装が用意できるか。たとえば一流の花魁《おいらん》といわれる人が、新しい衣装を身にまとえなかったら、その人はもう落ち目になったと思われるでしょう。超一流が二番手、三番手になっちゃうわけだから。そういう、権勢を誇る特別な日でもあるんですね。だから、八朔は廓の旗日だというのが、「いいね、色っぽいね」という感じがするんだよね。

そんなふうに、一般の人の知らないような行事がいっぱいあるんです。

■夏のレジャー

六月から八月にかけて、春とはまた違ったところへ出かけるようになるんですが、たとえば蓮見。蓮を見るという風習がありますが、不忍池なんかへ行くと、蓮見茶屋が出る。普通の人は池のほとりから見るんだけど、茶屋の席は池の上にせり出してるところがあって、そこから見るんですね。

蓮があって、鯉が泳いでくる。それを見ながら蓮飯なんかを食べるんです。蓮の葉のところを刻んだやつを炊いた蓮飯。これが蓮の葉っぱにくるまって出てくる。

蛍狩りなんていうのも、江戸時代から明治時代ぐらいまでは、いろんなところでできました。あたしのころは、多摩川とかちょっと離れたところへ行ってね。おやじなんかのころは、谷中でもできたんですよ。

「不忍池　蓮見」
『江戸名所図会』より（提供：江東区深川江戸資料館）

虫の声を聴く、虫聴きなんていうのもあって、江戸時代の虫聴きのナンバーワンは道灌山だったみたいです。太田道灌の屋敷のあった場所。今でいう西日暮里の三丁目、四丁目あたりだね。風流な人は、みんなあそこに行くんだよ。日暮《ひぐれ》の里とか、日暮《ひぐらし》の里なんて、いかにも風流な、いい名前じゃないですか。

それから滝浴びね。滝に打たれるの。王子なんていうのは、その本場です。昔の遊びは、みんな宗教事に引っかけてきたのと同じように、滝に打たれることって、行でもあるんだけど、一方では遊びなんですよ。みんな、それを行といっているけれども、非常に遊び的な感覚が強いですね。で、これで疫病退散というような部分もある。

昔はどっちかというと、夏は豊かだったのかな。うちなんかでもおやじの時代は、子供のために、一夏、海の方に一軒家を借りてくれたらしい。おそらく、夏の忙しいときに子供がまとわりつくより、そっちのほうがいいといって、そういうところに行かせたんだろうね。

うちのおやじが、鎌倉の材木座に一夏いたとき、友達もみんなそこへ来て、海へ入ったり、浜辺で本を読んだりしてたらしいんだけど、白い着物姿で、白の日傘をさした女性が、浜辺を毎日散歩しに来るんだって。実に品のいい女性だったらしい。いい女だなと、おやじもおやじの友達もみんなそう思っていた。

ところが、おやじがいよいよ帰る日、このままもう口がきけないかもしれないと、勇気を出して、「僕たち、今日、東京へ帰ります」と言ったんだって。「あ、そうですか、お気をつけて」と言われて、「あなたも」と。で、東京に帰ってきました。もう、たったそれだけでも口をきいたというのはたいへんなことだったらしくて、友達といっしょに、彼女はどこに住んでるんだろうと、いろんなところで情報を集めて、どうやら深川の材木問屋のお嬢さんだったことがわかったんだって。

それで、友達といっしょに探し歩いたらしいけど、それ以上は結局わからないままだった。だからあそこで、「僕たち帰ります」が最後の一言だったという話でね。いや、いいねえ、このロマンス。かっこいいと思ったけどね。そんな時代だったんですよ。

そういう意味でいうと、やっぱり昔は豊かだったのかなと思う。決してものを持っているわけじゃないし、日常的にはぜいたくしているわけじゃないけれどね。

あたしの子供のころは、仲見世商店会が、毎年夏に千葉の保田《ほた》の寺や、一軒家を借りていて、子供たちはいつでもそこに行っていいことになっていた。商店会の青年部の連中が、代わりばんこに管理をして、そのお兄さんたちがみんなで面倒を見てくれるんです。朝のラジオ体操から、午前中のお勉強、夏休みの宿題、お昼ご飯が終わったら泳ぎに行ったり、お昼寝したり。毎日、天気も気温も書いておいて、絵日記を書くときに困らないようにしてくれるの。

それで、朝、必ず青年部のお兄さんたちが、「仲見世商店会」って書いてある木の飛び込み台を肩に担いで、「おいさ、おいさ」って言いながら、子供たちの背の立たない沖の方まで持っていく。それは、仲見世商店会専用の飛び込み台なんです。たたき大工みたいなのがつくったんだろうね。盆踊りのやぐらみたいになってて、しっかりしてたんですよ。で、子供たちは浮き輪につかまって、そこへ連れていかれるわけだ。その台に上げてもらった途端に浮き輪を取り上げられて、ぼーんと突き落とされるの。それでみんな泳ぎを覚えるんだね。それが毎年、夏の恒例でね、あたしが小学校か、中学校ぐらいまであったんじゃないかな。

昔は、どこの海にも飛び込み台があったんだけど、今はもうなくなっちゃったよね。知らないうちに、なくなっちゃった。


あたしは浅草に住んでますが、この町には田舎のない人が多いんですよ。だから、夏休みに、おじいちゃんの田舎に行くとかいうやつがいると、妙にうらやましいんだ。あたしは行くところがねえなって、淋しさを感じたものです。夏休みの終わりごろになると、田舎から帰ってきたやつが、芋を掘ってきたとか言うじゃない、「うらやましいな」っていつも思っていましたよ。で、一回連れてってもらったことがあるけど、あたしはよその子だと思うから遠慮もあったりしてね。

「田舎」っていう言葉の魅力をいちばん感じるのが、夏なんだよな。

■水着

あたしたちが海水浴や潮干狩りに行くときには、天竺《てんじく》木綿で水着をつくってもらうんです。その水着ってどんなものかというと、白の、白といってもオフホワイト、つまり生成りという色の無地なんですが、今でいう甚平みたいなもの。それが水着なんです。わきがちょっと割れていて、紐は付け紐で、これはただ結わくだけ。それで、たこ糸みたいなもので肩のところが千鳥にかがってあるんだよ。そういうのを、おふくろなんかがつくってくれるんです。あたしたちは水練の師匠って言ってたけど、今でいう水泳の先生が、これを着てたっていうわけ。

どうしてそういうものを着るかというと、肌が出てると日に焼けちゃうでしょう。そこに麦藁帽子をかぶったり、あるいはタオルでほっかむりさせられるんです。

その下には海水パンツを穿くの。それも毛糸の海水パンツだよ。白いベルト通しがあって、これをカチン、って留めるんだ。普通の人は紺とかね、みんな一色なんだけど、あた

毛糸の海水パンツと水着

しのはちょっと洒落ていて、二色の縞《しま》模様だった。これはつくってもらったんじゃなくて、売ってるんです。昔は毛糸の海水パンツを売っていたんですよ。女の人の海水着だって、毛糸だったんだから。ちくちくしてね、縮んじゃうんだけどさ。

■中秋の名月——十五夜、十三夜と月待ち

旧暦でいうと、一月、二月、三月が春じゃないですか。四、五、六が夏で、七、八、九が秋、十、十一、十二が冬。で、八月は七、八、九の真ん中でしょ。真ん中の秋の名月ということで、八月の十五日の月が中秋の名月になるわけです。中秋の名月って、いちばん多く愛された月でしょうね。これがいわゆる十五夜で、ほかには九月十三日の十三夜というのがある。

月見の名所といえば、浅草界隈だと待乳山《まつちやま》の聖天様ですね。あとは湯島天神、九段坂上、愛宕《あたご》、それから日暮里の諏訪《すわ》神社。

ところで、今のやり方で間違ってるのは月見団子の大きさ。月見団子って、ほんとは野球ボールぐらいあるんですよ。その大きさでないと、月見団子じゃない。十五夜の日には、

それを三宝の上に十五個載せる。それから、ススキを飾るでしょ。ススキっていうのは門松と同じ発想だから、てっぺんに神様が宿るアンテナなわけ。

そのほかに里芋、柿、栗、枝豆なんてものをいっしょに供えるんだけど、この日は芋名月ともいって、里芋を供えるんです。だいたい八月の十五日の前ぐらいになると、今でいう六本木の芋洗坂、あそこに八百屋があって、芋を洗ってたんだな。だからあそこは芋洗坂という名前なんだけどね。

里芋は、一年中お祝いのときによく出てくるものなんです。正月にも里芋が出るでしょう。

里芋と餅というのは同じ価値を持っていて、お祝いの席になくてはならないものという考え方があった。でも正月のは煮るもんですが、夏場から秋にかけての里芋は、たいがい衣被《きぬかつぎ》。皮がついたまんまふかしてあるんですね。皮をむいて塩をつけて食べる。衣被はハレの日の食い物だったんだろうね。

月といえば、「うさぎ　うさぎ　何見てはねる　十五夜お月さま　見てはねる」って歌があるでしょう。十五夜のお月さんって、普段よりうさぎの餅つきが見えるような気がするんだよね。だから、この歌はわかるような気がするんだな。日本人だけなんですよ、月を見てうさぎを連想できるのは。

それから、月見のことを「お月見」なんていって喜んでる男はさ、実はあんまり男っぽくないいんだ。当時は「女名月」といって、女性が楽しむものという考え方があった。たとえば二十三夜なんていうのは、女性が集まって勢至菩薩《せいしぼさつ》を祀ったり、子供を授けてもらえるように観音様へお参りしたりっていうのもあるわけですよ。

昔は一月二十六日と七月二十六日と二回、二十六夜待ちっていうのがあったんだけど、七月二十六日に月がくっきり見えるのを待つんです。この日は深夜まで、二十六夜待ちの人でたいへんなにぎわいでしたが、これは江戸やその周りだけだね。二十六夜なんていうのは。

このときは、阿弥陀菩薩、勢至菩薩、観世音菩薩の三尊が月光にあらわれるといって、みんな数珠を持って月待ちをしたの。そうすると幸運に恵まれるといわれてたんだね。

ところで十五夜と十三夜は、吉原の紋日です。というのは、月待ち、つまり月が出ることを待つわけじゃない。これはね、たとえば客は毎日来るかもしれないけど、まぶを待つ、つまりほんとうに好きな人が来るというのは、そうそうあることじゃない。そうすると、この年に二回の月待ちと、滅多に会えないほんとうの恋人を待ち続けるということをかけているわけだ。月待ちと、大事な人を待つという心がかかってるんだな。

それで遊女たちは、「片見月」といって、十五夜だけ拝むと縁起が悪いんだ。だから十三夜と十五夜と両方拝むのが決まりなんです。

■納涼歌舞伎と寄席

七月から八月にかけての歌舞伎っていうのは、ほとんど本水《ほんみず》を使ったり、殺しの場があったりします。夏狂言だね。夏狂言に殺しの場というのはつきものなんだけど、水のそばで殺すのが多いんだな。

だから、本水を使っている中での大立ちまわりとかがあるわけ。彫り物をしたやつが刀をかーっとくわえて、水をだーっとかぶって、なんていうようなものがいっぱいある。あるいはそこに怪談を持ってくる。『四谷怪談』の中でも水が出てきたりするでしょう。川の中で戸板返しで、お岩様が出てきたりするでしょ。

それから、納涼歌舞伎ね。いつものかたいお芝居じゃないものをやる。いろんな大物の役者が、もう面倒くさいことを抜きにして楽しい弥次喜多をやる。子供たちも大喜びだ。で、その年によって弥次喜多の話が違う。途中ででっかいクジラが出てきて、それに追いかけまわされる弥次喜多があったり。つまり『東海道中膝栗毛』にないようなものまで、道中としてつくっていくわけ。

あたしのおやじなんかは、一夏を海で過ごした帰りには親が迎えに来てくれて、そのまま家には帰らずに、歌舞伎座で弥次喜多を見て、それが終わるとうな丼を食べたらしいよ。ぜいたくだろう？　このぜいたくさっていうのは、日常のぜいたくじゃないんだと思う。日常は質素なんだもん、昔の人だから。非日常の中のぜいたくなんだろうね。

寄席のほうはどうかというと、やっぱり怪談ものが大受けに受ける。怪談話のときっていうのは、たいへんな人手がいるんです。講釈師の名人が話を始めると、楽屋の方ではひゅーどろが始まる。ひゅーどろどろ、って音がするでしょ。そうすると、前座やなにかがみんなお化けになって、客席の中に出てきたりするわけだ。それで前半が終わると休憩が入ります。

このとき、前座たちはくじを売ったんですよ。景品は金華糖という砂糖菓子なんだけど、砂糖でつくった鯛とかあるじゃない。ああいうものね。ところが、これがほとんどはずれなの。でもいいんだよ、はずれで。だってそれは前座の儲け、小遣いになるんです。で、たまに当たりが出たりすると、「そんなものは持って帰ったってしょうがない、おまえにやるよ」なんて言われるんだから、粋なもんでしょう。そうすると、また当たりが入っているということで、客が買ってくれるわけじゃない。客もうれしいんでしょうね。祝儀を払ってるようなもんだからね。「当たった、縁起がいいじゃねえか。よし、おまえにやる」。それで満足するんだね。そういうのも、納涼の寄席なんかではあることなんです。

■夏の食べ物

夏は暑気払いをしたり、精のつく食べ方をしたりいろいろあるんだけど、江戸の夏のつまみにいちばん多いのは、きゅうりもみに鰹節。塩もみにしたきゅうりに鰹節を載せて、醤油をちょっとかけるんだ。暑気払いの「直し」を飲むとき、あたしはこれを食べますよ。

きゅうりもみに鰹節ってのは、だいたい江戸の中期から末期にかけて、ごく一般的なつまみとしてよくあったものです。ほかには茄子の漬物だとか卵豆腐。卵豆腐なんていうのは、普通につくれるもんだからね。

茄子といえば、二宮尊徳がね、夏前に食べた茄子がうまかったんで、「今年は冷夏だ」って言ったらしいよ。さすが農業の人だね。ちょっとすごいでしょう、これ。

それから夏の漬物ということになると、ぬか味噌の古漬けね。ぬか樽の中を引っかきまわしていれば、古漬けの一つや二つ出てくるだろう。この茄子だのきゅうりだのの古漬けを細かく刻んで、水の中に放っておいて、ぎゅっと絞る。古漬けだから、もう酸っぱくなっているわけ。そこに生のしょうがを細かく刻んでいっしょにまぜて、ぐぐっと絞る。これが「覚彌《かくや》」のお香々。

この「覚彌」という名前のいわれには、説が二つあります。一つは徳川家康の料理人だった岩下覚彌がつくったという説。もう一つは、高野山に隔夜堂というお堂があるんだけれど、そこの堂守りのお坊さんがたいへんな年寄りで、細かく刻まないと食えなかったという説がある。

とにかく、夏の古漬けにしょうがを入れて絞ったやつです。これに醬油をちょいとかけて、ご飯の上にぱっと載せて食べたらたまらないよ。これは夏の食い物として、もう忘れちゃいけないものですよ。

ちなみに、「香の物」ってあるでしょう。これは、本来は味噌で漬けたもののことなので、ぬか味噌漬けだとか、奈良漬けとかでね。塩漬けは香の物に入らないんです。だから店のお品書きかなんかに香の物って書いてあって白菜なんかが出てくると、「ここには香の物って書いてあるじゃねえか」って言われてもしょうがないんですよ。

ついでにいうと、割烹《かっぽう》料理に揚げ物は入りません。「割」というのは割くことで、「烹」というのは煮ること。焼くのもいい。でも、古くは割烹の中に「揚げ」は入っていなかったんです。

わさびを刺身につけて食いましょうなんていうのもだめだよ。上方の人間じゃねえんだから。なぜかといったら、昔、上方にはたまり醬油が多くて、刺身にはむかない。江戸の醬油は、醬油自体の味が上方のたまりとは違うんです。だから、上方ではわさびを刺身につけるけど、江戸では醬油にわさびをとくものなんです。

今の世の中は、なんでもテレビなどで放送されると、そっちにしなきゃいけないようになっちゃって、土地土地の文化が薄らいでいるよね。

それから夏の食べ物というと、そうめんだとか冷や麦だけど、これはわさびじゃなくて、西洋がらしを溶いたやつをつゆの中に入れて食うものだと昔の噺家の師匠にいわれて、あたしはそうやって食べています。みょうがの刻んだやつに、洋がらしの辛さと酸味、合うんだね、これが。

よく麺《めん》に氷を載せたりするけど、氷がとけてふやけちゃうでしょう。あたしはかために湯がいたやつをざーっと洗って、よく水を切ってから、がっと上から押すんです。それをもりにする。これは、あたしの趣味よ。こうじゃなきゃいけない、っていうんじゃなくて、あたしはそうやって食べたいの。そのほうが、ふやけない。たぶん、そうめんがだめな人って、ふやけるから嫌なんだと思うね。

そして夏の終わりには梨が出てくる。「泣き相撲」というのがありますが、これは締め込み（まわし）をつけた男の人が赤ちゃんを抱いて土俵に上がり、「高い高い」をする。

昔からお相撲さんに抱っこされると赤ちゃんが丈夫になるといわれているからね。そうすると赤ちゃんが泣きだすんです。そして、先に泣いたほうが勝ちという、子供が元気に成長することを願う行事なんだけど、参加賞は梨なんです。梨って、古い言葉で「ありの実」っていうでしょう。そのほかに、真ん中が酸っぱいから中酢《なかす》ともいう。泣き相撲って、赤ちゃんに泣け泣けって、泣かすわけでしょう。その「なかす」にひっかけて、梨を配るんです。

ところが、昔、浅草は泣き相撲をやってなかったんです。で、あたしが始めたわけだけど、これは一年に一度、浅草公園にある九代目市川団十郎「暫」の像に脚光を当てたいからなにか考えろっていわれて、いろいろ考えた末に、「暫」には前髪がついてる、もうそれだけで子供でしょう。台詞《せりふ》の中にも「坊に下せえ、手《て》ェ〳〵します」っていうのがある。「坊に下せえ」とは「僕にください」、「手ェ〳〵します」は「ちょうだいな」っていう幼児言葉なのね。つまり、あれは子供なんです。暫ってすごい武者のようだけど、怪力無双の子供が大人を手玉にとっているお芝居なんですよ。それが一つ。

それから九代目団十郎と、五代目尾上菊五郎という明治の名優がいたんだけど、五月になると、この二人を偲《しの》んで、歌舞伎座で「団菊祭《だんきくさい》」というのをやる。で、九代目団十郎の像の前で行われるので団十郎にどうしても参加してほしくて、団菊祭の前宣伝を兼ねようと思った。そういうことで、浅草の泣き相撲は四月の末にやっているんです。

ところが春ですから、その時季には梨がない。で、どうしようと思って、あたしはいろいろ考えた。よくよく考えたら、五月五日に子供の日があるので、浅草の泣き相撲では、参加賞には、ちまきを配っているわけです。

最後に、もう一つ忘れちゃいけない夏の食べ物は、まくわうり。まくわうりって、縄文時代から日本にあるんです。いっとくけど、あれは日本のメロンなんだよ。まくわうりは、あたしたちのメロンだっていわれて食べてきたんだから。メロンパンってあるでしょう。あれ、実はまくわうりの形からとっているんですよ。

九月

■台風

九月一日は二百十日。一年中で最も台風が多く来る日です。あたしたちの子供のころは、台風が来るって、それはたいへんなことでした。まず、停電になったときに困るから、仏壇の右の引き出しには、仏壇用の小さなろうそくが入っているんだけど、左には、いつ停電になっても大丈夫なように、太くて長いろうそくが入っているわけ。台風になるとこれを取り出すね。そして、卓袱台《ちゃぶだい》の真ん中に置く。

ちなみに卓袱台って、一般的に使われるようになったのは大正、昭和に入ってからで、それ以前はそういうもので食事はしていませんからね。茶店でもなんでもそうだけど、座る場所にお盆や台、場合によっては箱膳というものを置いて、ものはその上に載せるんです。よく時代劇で、居酒屋に行って樽に腰かけて、テーブルのところで飲んでるシーンがあるじゃない。あんなもの、あり得ないんだからね。茶店で、床机《しょうぎ》という緋毛氈のかかった長椅子に座るでしょ、お茶もそこに置かれるんですよ。

それで、いつ停電になっても大丈夫なように、卓袱台の真ん中にろうそくを立てる。茶だんすの上には、たいがいラジオが載っかってたりするんだけど、これがピーピーガー、ピーガーピーとかいっちゃったりして、なかなか声が聞こえない。それでもって「台風情報をお知らせします」なんて、じっと聞いていた時代です。

ところがラジオだって、停電になったら切れちゃうんだ。そのころにやっとできたのが鉱石ラジオやトランジスタラジオですよ。

あたしの子供のころ、何度か隅田川が氾濫《はんらん》したことがあるんです。川が氾濫すると、仲見世、六区に行くにしたがって、どんどん土地が低くなってるんだね。だから、うちの角の店がまだ自宅だったとき、溢《あふ》れた水がそこを通り抜けて六区の方にどんどん流れていく。もう激流のように。水嵩《みずかさ》がどのくらい上がるかわかんないもんだから、一階にあるものを二階に上げるのを手伝わなきゃいけない。手伝うったって子供のことだから、そんなに手伝えない。でもなにか力にならなきゃいけないと思うから、みんな必死になっていろんなことをやるんですよ。そうすると、縁の下のところまで水が流れてきて、子供心にわくわくするんだな。

朝になって、家の前で金魚が跳ねてたことがある。そのとき、隅田川から金魚が泳いできたと思ったの。でも、今にして思えば、隅田川に金魚なんか泳いでいるわけないから、たぶん、どこかの家で、外で飼ってる金魚が水が溢れて逃げたんだろうね。

そのころ、大きな話ばっかりするやつのことを「大風に衣」なんていいました。お坊さんが紗の衣を着てるでしょ。ざーって大風が吹くと、この衣がばーっと背中の方に膨らむわけだ。本人はもっと小男なのに、風をはらむとあんな大男になっちゃうということなんだね。「大風に衣みてえな話だな」とかいったもんです。あるいは「芝屋の相撲」なんて言い方もする。芝屋っていうのは芝居のことね。芝居に出てくる相撲取りの役者っていうのは、そんなに太っていないのに肉襦袢《じゆばん》を着るから、普通より大きく見えるでしょう。

ちなみに、隅田川が氾濫しなくなったのは、荒川放水路が完成し、さらにかみそり堤防ができたからですよ。そのために、引っ込んでる部分がなくなったんですね。川っていうのは、いろんなところが出っ張ったり引っ込んだりして、流れがぶつかっていくから穏やかで、櫓舟でもなんでも操れたんですよ。それが一直線になって、一気に流れるから速いんだ。

穏やかな流れだとか、魚が棲《す》める川っていうのは、かみそり堤防になってから無理になっちゃった。だって今は川の上流から、たとえばハゼやなにかの稚魚を流しても、一気に流されていっちゃう。

これが共存できるようなつくりのものができたら、いちばんいいんだけどね。魚も棲めて、水も穏やかで、氾濫しなけりゃね。

■重陽の節句

九月九日は「重陽の節句」です。陰と陽があるでしょう、陰は偶数、陽は奇数という考え方があって、この日は「九」という陽の数字が、それもいちばん大きい奇数が重なっている。それで「重陽」。なにかのお祝いのときに、一万、三万、五万というような奇数のお金を入れるでしょう。これは陽の数字だからなんだね。だから、お金を渡すときに、ピン札の角をちょっと折って袋の中に入れるっていうのも、紙片の角を四つより五つにしたいがためなんですね。

重陽の節句では、菊の節句ともいわれるので菊を手向《たむ》けたり、菊切り蕎麦なんていうお蕎麦を食べたりもする。菊切りは普通に食べるもんじゃなくて、おやじなんかがわざわざ連れていってくれた。「どこどこで菊切りが始まったから、食いにいこう」なんて言ってね。あたしは、菊切りより、香りの立つ柚子切りのほうが好きなんだけど、季節のもんだからよく食べたりしましたよ。

浅草寺では「菊供養」というのがあります。十月の十八日に行われているけど、この日は旧暦でいえば九月九日。みんなで菊を供えに行くんですよ。で、外供菊といってすでに献菊されたものと交換してくる。

でも、菊はまだつぼみだよ。つぼみの菊に半紙をぐるぐる巻いて、寺に持っていくの。あたしたちもよく行かされました。

ついでにいうと、これも十月に入ってからだけど、昔は東京中の大きな神社仏閣では、「菊人形」というのをやってたね。あたしもよく見に連れていってもらったりしました。菊人形が芝居の出し物にちなんだものになっていたりすることが多くて、それがなんの芝居なのか、子供が当てられるかどうか試されるわけ。簡単な「助六」なんかはいいんだけど、ちょいと地味なのになると「なんだろう」なんてね。それを当てたりするのがうれしかったね。

■秋祭り

明治五年の十二月が改暦でしょう。神田祭は、改暦以前は九月の十五日でした。祭りのところでもいったけど、神田祭と日枝神社の山王祭は天下祭です。で、神田以外の秋祭りっていうのは、たいがい江戸の中心からはちょっと離れたところで行われているんですが、神田と芝は、秋祭りだったんですね。

たとえば、九月十一日から二十一日まで、「芝神明だらだら祭り」というのがあります。長いだろう、十日間も祭りってのは。だから「だらだら祭り」っていうんだけどね。

この祭りでは、千木筥《ちぎばこ》という経木でできた箱を売る。中には豆が入っていて、この箱をたんすの中に入れておくと、衣装が増えて良縁に恵まれるという

千木筥

縁起物です。あたしが子供のころは、亀屋善八という民芸品の職人さんがこれをつくっていた。今はだれがつくっているのかわからないけど、善八さんはいつも着物を着て歩いているおじさんでね、たすきをしてつくっていましたよ。この人は、麦藁蛇もそうだし、神社仏閣のいろんなものをつくっていた。

この祭りは別名「生姜市」っていうんだけど、昔はしょうがを売ってる店がいっぱいあったんだね。このあたりは、しょうが畑が多かったというのもあって、芝神明の神前に供えられた。芝神明のしょうがを食べると厄が祓われるとか、風邪を引かないといわれています。秋の祭りというのは、たいがいは豊作感謝の祭りなんですけどね。

それから、向島では牛島神社の秋祭りがある。牛島神社は、昔は隅田川のもっと上流にあったんです。だから氏子の範囲がひろくて、両国橋の方までおみ

芝大神宮で売られているしょうが
以前は市が立ったが、現在では神社でしょうがが売られている

こしの長い行列が出る。

余談だけど、この向島とか江戸のすぐ外側って、実に粋なところなんです。小梅なんていうところには、藤八拳の家元の家があったりね。藤八拳というのはじゃんけんの元祖のようなものですが、庄屋と鉄砲（狩人）と狐の三すくみで、鉄砲は狐を撃つ。狐は庄屋をだます。庄屋は狩人より偉いという遊びです。土俵の左右でお互いが拳を打つでしょ、で、行司役が真ん中にいてどっちの勝ちという、江戸前の粋な遊びです。そういうのを花柳界でやったりなんかする。

花柳界があって芸者衆がいるということは、必ずうまい食べ物屋があるの。ハイカラなものを売ってたりね。隅田川を渡ってお散歩するにもいいところだし、子供のころは、おやじに連れていかれて、うまいものをよく食べたもんです。

■秋の彼岸とハゼ釣り

「女房の知らない仏ができて　秋の彼岸の回り道」なんていう都々逸《どどいつ》がありますが、女房に内緒の女性が、先に死んじゃうんだな。それで、そっちのお墓へ行くんで、ちょっと回り道しなきゃいけないというね。景色が見えるようですね。

彼女がいてさんざん派手にやっていた人も、若い彼女が死んじゃうと、年を感じたりするもんだな。切ないよね。

あたしの子供のころは、秋の彼岸を過ぎると、おじいさんがハゼ釣りに連れてってくれました。当時は、吾妻橋のわきのところから櫓舟に乗る。その舟には、おじいさんとあたしのほかに、おじいさんの俳句の師匠である宗匠がいっしょに乗っていて、エンジン付きの船でもって、だーっと曳《ひ》いて連れてってくれるんだね。それでエンジン付きの船は帰ってしまうんです。あれでどこまで行ったのか、品川近くまで行ったかもしれないね。

「この辺は釣れませんね」となったら、「じゃあ、もうちょっと釣れそうなところへ行きましょう」ということになると櫓が載せてあるので、櫓で漕いでいく。

あたし専用には、手ばね竿が渡されます。五十センチぐらいしかない、実に短い竿。先に鈴がついていて、ハゼが食うとちりんちりん、というんだよ。で、つっと上げるとハゼがかかってる。おじいさんのほうは、舟の縁のところに竿を二本引っかけておく。で、ぶるぶるっと震えて「来ているな」と思ったらぐっと上げる。すると、ハゼが釣れていて、またえさをつけて投げる。

その間、宗匠とおじいさんは、そこでずっと俳句をつくっているわけ。「宗匠、どうですか」「結構ですな」「ここをこう詠む手もありますよ」なんか言っているわけだよ。あたしはそのころ、俳句なんか知らないからさ、そのわきで、手ばねでもって魚を釣っている。

今思えば良い情景です。日本の原風景がそこにあったような気がしますね。で、帰りがけに魚籠《びく》の中に入ったハゼを持って、浅草のうなぎ屋に行く。それで、あたしはうな丼を、おじいさんたちが白焼きで一杯やったところで帰るんですよ。

秋の彼岸を過ぎたころのハゼというのは、大きいんですよ。おじいさんは刃物屋だから、釣ったハゼをさばいて天ぷらにして揚げてくれるんだけど、ほかは腹を割いて、内臓を出して、焼いて、これをまた干して、カンカンカンカン、と音がするぐらいかたくなったやつを取っておく。それで正月に、さらしの袋を縫っといて、その中に入れてだしをとって、ハゼ雑煮をつくるんです。だから江戸の雑煮っていうのは、彼岸過ぎから用意しておかなきゃ食えないからたいへんなんだ。

あたしは今年も食ったよ。後輩に魚釣りの好きな男がいて、彼が彼岸過ぎになるとハゼ釣ってきて、「修さん、要りますか」って持ってくるんだよ。「もらうよ」なんて言ってね、そのまま天ぷらにしてもうまそうだなってハゼをさ、そういうふうにしておく。これは実に江戸前のさっぱりしただしです。おつなもんだよ。

十月

■炉開きと炬燵《こたつ》開き

十月一日の衣がえで着物が袷になって、寒くなったら、袷の間に綿を入れて、綿入れにする。江戸時代は十月最初の亥の日が、武家の炉開きです。そして、二番目の亥の日が庶民の炬燵開き。だんだん冬の準備に入るんだね。今はあんまりないけど、この日に炉を出したり、開いたり、炬燵を初めて置いたりすると火事にならないといわれています。

長火鉢ってあるでしょう。あれの引き出しに、銅《どう》壺《こ》になってるところがあるんです。銅の落としになってるところ。そこになにを入れるか知ってる？　海苔《のり》を入れておくんだよ。そうすると、常に乾燥した状態になる。あれをやらないと、海苔ってしけっちゃうでしょう。同じ銅壺でお燗もつけられる。長火鉢って、実に便利なもんですよ。

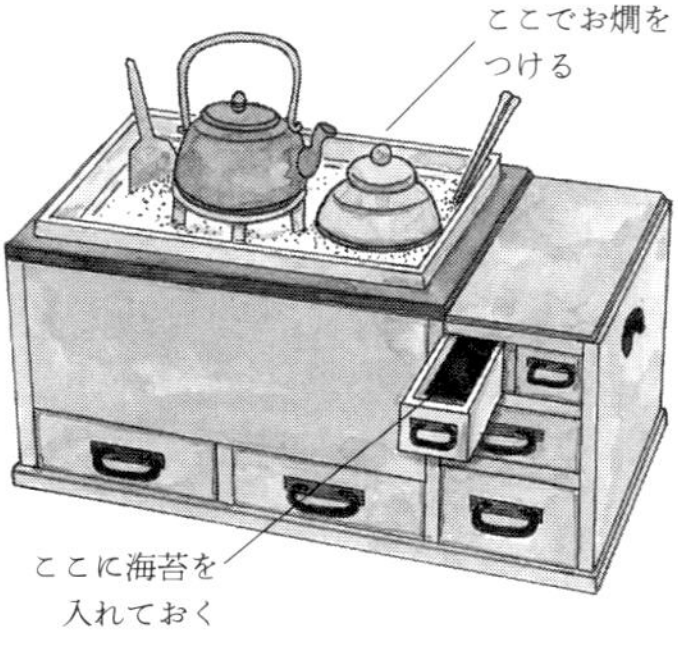

長火鉢

それから、七輪もそうだけど、炭団《たどん》やなにかっていうのは、炭に比べたらずっと安いもんでしょう。庶民はそういうものを使っている。だから忠臣蔵の討ち入りで、赤穂《あこう》浪士が正義の味方で、吉良上野介《きらこうずけのすけ》が悪役になっちゃったのは、吉良上野介が自分の家の炭小屋に隠れてたっていうのが原因の一つだとあたしは思ってるんですよ。「炭が小屋に入ってる？　とんでもねえ野郎だ、ぜいたくな野郎だ」って思われるわけだから、浪人として苦労して仇討《あだう》ちをしたほうと比べれば、それはみんな赤穂浪士の味方になるはずだよね。

■亥《い》の子餅

十月一日は、衣がえ、炉開きのほかに「亥の子餅」の日でもあります。江戸時代、江戸城勤めの侍は総登城して、将軍から亥の子餅という餅をいただくんです。一個が碁石ぐらいの大きさで、黒や白や赤なんかがあって、「亥」という字が書いてある。

なんでそのお餅ができたかっていうと、ある説によると応神天皇が皇太子のときに、異母兄弟の二人が次期天皇の座を渡したくないというんで、暗殺しようとするんだね。そのときに、ある人が占ってみると「大きな獣が出てきて、そのときに天皇になる」と出た。

そして、暗殺を企んだその二人の王子は猪《いのしし》に襲われるんです。で、無事に天皇になったわけだけど、猪によって助けられたということで、その地である摂津の国の村人につくらせたのが、この亥の子餅なんです。

いろんな戦いがある中で、ラッキーなことが起こるということで、徳川家ではこの餅を配ったんだね。

■べったら市

十月二十日に日本橋大伝馬町の宝田恵比寿神社で、商売繁盛を願う「えびす講」という祭りがあります。そのとき開かれるのが、俗にいう「べったら市」。べったらっていうのは、大根の皮を厚くむいたやつを塩漬けにして、石を載せて、水が出たら捨てる。それを何度も繰り返しながら、徐々に塩を弱めていく。そこに麴《こうじ》と砂糖を加えて、半月間置いたもの。これが売られている。

江戸から大正のころまでは、その日、商人なんかは店を早じまいして、親戚や従業員たちにいろんなものを飲み食いさせたり盛大な宴を開く。そのときに、今でいうオークションをやるんだけど、それもその場限りの、嘘のオークションをやるんです。

たとえば小僧たちが「はい、この掛け軸、一万両」とか、その家の中にあるものに勝手な値段をつけて、「買った」とかやらせる。それが昔のえびす講の儀式。「これも売っちゃおう」なんて言ってさ、旦那のいちばん大事にしてるものやなにかを、「はい、これ五百両」とか言っちゃったりするんだ。

でも、ほんとには売らないんですよ。その家のありとあらゆるものに値をつけて、競り合って景気をつけるわけ。そういうことをやって遊んでたんだな。

現在のべったら市風景

■秋の食べ物

十月って、いろんなところで収穫祭やなにかが行われたりするから、大きな行事という

「商家愛比寿構」
『東都歳事記』より（提供：江東区深川江戸資料館）
江戸の商家での「えびす講」風景。二階では酒宴が行われ、一階ではえびす様に鯛や餅などを供え、その前でオークションの真似ごとが行われている

大酒や
之日足らん
えひす講
なぐや
昨丁

十月

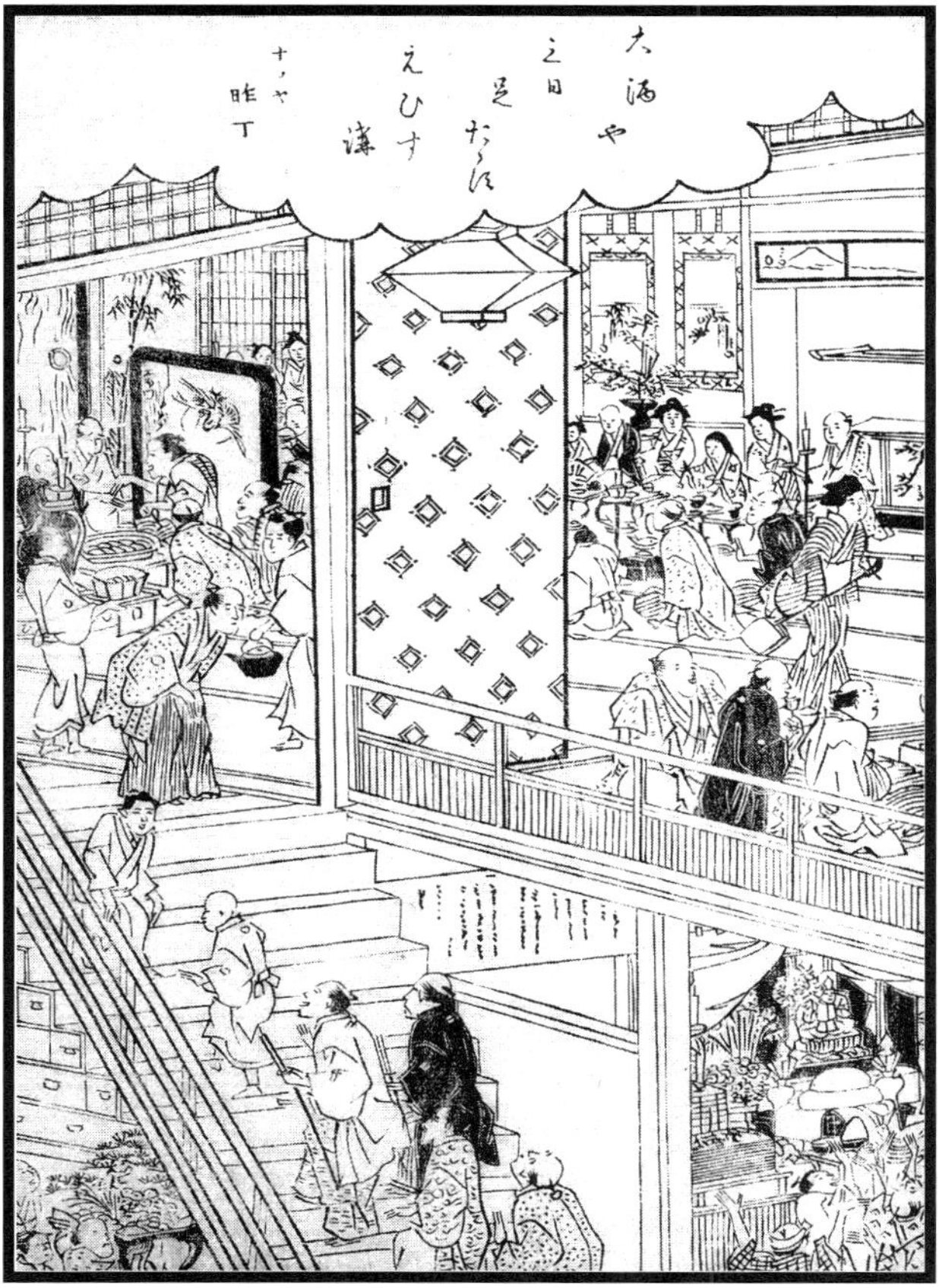

のはあんまりないんです。でも、うまいものはいっぱいある。

まず、栗が出盛りでしょう。「九里よりうまい十三里」って知ってる？「九里よりうまい十三里半」なんていうのもある。栗を一里、二里、三里……九里の「九里」、「より」を「四里」にたとえるわけ。で、九と四を足すと十三でしょう。江戸から十三里離れたところに川越があって、川越っていうのはさつまいもの産地なんです。だから十三里っていうのは、川越のさつまいものこと。栗より芋のほうがうまいよと。

あたしの子供のころには、これが焼きいも屋の行灯に必ず書いてあったよ。丸に平仮名で「やき」と書いてある。「丸やき」って。中には「八里半」って書いているのがあるの。それは栗に遠慮しているのね。どう？　洒落てるでしょう。石焼きいもが出てくるのは、ずっと後ですよ。もともと芋はふかして食うもんだった。寛政年間に入って、やっと焼きいもができるんだから。それで甘みが増すといって評判になるんです。

ほかには「香り松茸《まつたけ》、味しめじ」なんていってね。松茸は上方や東北が産地ですが、江戸ではしめじを好んで食べていました。

それから魚もうまい。八挺櫓という舟があるんだけど、櫓が八挺なんです。片側四挺ずつで、合わせて八挺。今でいうと、競技用のボートみたいなもんだよね。いちばん後ろの左右二人の櫓だけが、普通のより大きいんですよ。なぜかっていうと、これが舵《かじ》の代わりもするから。で、波を切るために船体が普通より細くて、舳先《へさき》も高いんです。

この八挺櫓で、たとえば小田原の沖合でとれた魚なんかは、江戸までぱーっと一気に持ってくるわけだ。氷もなにもないから、急いで運ばなきゃならない。

持ってきたら、すぐにお客さんの手元に渡さなきゃいけない。よく、魚屋が天秤棒《てんびんぼう》を持ってるでしょ。この天秤棒で物を売る人を「棒手振《ぼてふり》」っていうんだけどね、棒手振がばーっと売ってまわるの。「威勢がいいよ、生きてるよ。まだ活《い》きがいいんだから」なんてなことを言って、自分の健脚を誇るんですよ。

江戸湾沖だったら、八挺櫓で行かなくてもどんどんとれる。それでも、少しでも早く届けようとする

棒手振

んだな。だから、そりゃあもう、活きのいい魚だらけですよ。それをすぐに七輪でもって焼いたりする。秋なら秋刀魚《さんま》とかね。江戸の食べ方は大根おろし、それも練馬か亀戸でとれたばかりの新鮮な大根をそこに添えた日にゃ、どれだけうまいと思う？

果物では柿。焼き柿という食べ方。柿を縦に四つに切って、へたを切り落とすでしょ。そしたら皮目の方を下にして、五徳の上に網を載せる。焦げてきたら、立てかけたりして皮を全部焼く。黒くなったら引き上げて、熱いのを我慢して皮をつるっとむくの。簡単にむけるからね。もう、焼いているうちにぷちゅぷちゅ甘そうなつゆが出てくるんだよ。中味がぐじゅぐじゅにやわらかくなって、たまらなく甘いんだ。

これは下町でもいろんな人に聞くけども、焼きみかんは食ったことあるけど、焼き柿を食ったことはねえってのはいっぱいいるんだね。でも、うまいんだよ。

秋も深まってだんだん寒くなってくると、温かいものが食べたくなる。湯屋の帰りにちょっと寄る店なんていうのが昔からあったもんだけど、夏にかき氷屋をやってたお店が、鍋焼きうどん屋に変わってたりなんかする。江戸っ子は蕎麦好きで、うどんは食べないという人もいますけど、鍋焼きうどんって、江戸でも多く好まれた食い物なんですよ。「なーべやーきうどんー」なんて売り声があったりしてね。

夏の冷や奴《やっこ》に対して、煮奴なんていうのもある。土鍋か鉄鍋で奴に切った豆腐を煮るんだけど、ねぎを三センチくらい斜めじゃなく横に切って入れる。これは「いかだ」という切り方だけど、こうして切ったのを入れて、七色とうがらし（七味というのは上方のいい方で、江戸では七色とうがらしという）か、練りがらしをちょいとつけて食べる。大人がこれを燗酒のつまみにしている姿を見て、早く大人になりたいなあと思ったもんです。

つまみといえば、しゅうまいというのがあるんだけど、これは中国料理のシューマイとは違うの。メリケン粉を水で溶いて、鉄板の上に平らにひくじゃない。で、豆餅（豆が入った三角形の餅）を一・五センチくらいの幅で縦長に切る。これを城壁みたいにメリケン粉の縁を囲むように置くんだよ。そうしたら、この中にキャベツの千切りを少し入れて、甘辛に煮た挽肉《ひきにく》を入れて、その上からまたキャベツの千切りをふあっと入れて、最後に水で溶いたメリケン粉でふたをする。で、これをお好み焼きみたいにひっくり返す。そうすると、中は甘辛醤油味の挽肉で、お餅がやわらかくぐずぐずになってきて、両面の皮が焼けてくるんだけど、これをなぜかしゅうまいというんだね。

その昔、昭和の初めくらいまで浅草広小路に何百軒もの屋台があって、このしゅうまい屋もあったといいます。そのころを思い出してつくってくれた人がいて、食べたらほんとうにうまくてね。あたしが子供のころ、こういうものをおやつに食べていました。

それから、この時季に浅草寺の本堂裏を通ると、なんともいえない独特の匂いがしてくる。ちょうど、銀杏《ぎんなん》が落ちてくるんだね。この匂いがするだけで、お、秋だねと思うんだけど、これをいきなりさわると手が荒れちゃうでしょ。だから手袋なんかをして拾って、土に埋めておくんです。埋めておくと、勝手に実のところが腐ってとれて、種だけになる。そのころまた掘り返すんです。だから、埋めたところを人に見つからないようにしないととられちゃう。子供のころはそうやって、随分とりました。ビニール袋にいっぱいとれたもんです。

■江戸職人の経済

どうでもいい話、してもいい？

ちょっとこの間、ふざけて調べたんだけどね、江戸の職人の一日の手間賃がだいたい五百文。当時は、百文あれば、一升五合から二升の米が買えた。百文でだよ。それで長屋の家賃がだいたい五百文から六百文ぐらい。つまり二日働けば、ある程度生活できるってわかるでしょう。そのうえ、裏長屋っていうのは納税の義務がないんだ。税金は表通りに面したところの間口の住人が払う。

で、蕎麦が、普通のかけとかもりだったら十六文。ただし、蕎麦屋で酒を飲むと四十八文取られるんだけどね。

こんな話を聞くと、当時の生活って結構楽でしょう。まあ、雨が降ると仕事ができない外の職人ってのもいるし、居職（屋内で仕事をする職人）の連中だって、ちょいと身体の具合が悪くなって、一週間も寝込んだ日には、とんでもないことになりそうなものだけど、江戸の職人は朝飯を炊いて、昼は冷えたご飯を茶漬けで食って、夜はほとんど外食だからね。ちょっと頑張れば、一軒家を買えるんだよ。

だけど、一軒家を買ってもすぐ火事になるから、借りたほうがいいんだけどね。

十一月

■ふいご祭り

十一月八日に、「ふいご祭り」というのがあります。俗に金山様っていうんだけどね。金山稲荷。かなり古くからの行事というか、神事ですね。ふいごっていうのは、火をおこす道具のこと。これは、鍛冶《かじ》屋とか刃物屋のお祭り、お祝いの日で、金山彦神、あるいは金山姫神を祀ります。本来は旧暦の十一月八日にやるんだけど、今は、たいがい十一月の下旬だね。

うちのおふくろの実家が刃物屋なので、ふいご祭りのときは、隣近所みんなが必ず集まるんです。あたしたち子供も呼ばれてね。実はこのときがその年の最初にみかんを食べられる日なんですよ。そこで初めて、あたしたちは初もののみかんを食べるんだな。これは焼かないでそのまま食べます。まだ酸っぱくてね。

それで、近所の料理屋から料理をとって、みんなで飲んだり食べたりする。そこで出る茶碗蒸しがおいしくてね。刺身だ、さざえのつぼ焼きだ、いろんなものが出て、子供たちはサイダーだのジュースだのを飲み、大人は酒を飲み、刃物屋に全然関係のない人も、

「金山様のお呼ばれだね」なんてことで、いっしょに過ごしたりしましたよ。

そのうちに近所のおじさんたちが、代わりばんこにいろんな芸をやるんだ。だれかが六代目菊五郎の声色《こわいろ》で、うちのじいさんが初代吉右衛門の声色で、歌舞伎の一節をやったりするわけ。そういうのをじっと聞いてたり、中には、湯たんぽを背中にしょって洗面器をかぶって、焼き海苔をひげにしてつけて、ほうきを担いで「ノーエ節」なんてのをやったりする人もいる。

あれは、ほんとは「農兵節」というらしいんだけど、俗にノーエ節というんだ。ほうき担いで行進するだけの、踊りというほどのものでもないんだけど、ほかにもいろんな隠し芸が行われて、楽しい一夜なんですよ。

なぜかこのとき、おじさんの家には必ず鍾馗《しょうき》様の人形が飾られる。それと金山稲荷とか、金山姫神って書いた小さな掛け軸がかかった座敷で、そういうことをやるんですよ。それが金山様。

これは各家でやるんだけど、刀鍛冶はもっと武張った、格調高いやつをやるだろうし、江戸の町の刃物屋は江戸の宴会のようにやるし、農具の金物屋はそれらしいものをやるというふうに、それぞれ違うんだろうけど、あたしは町の包丁屋らしい祭りを経験しました。今でも、やってるところはあるだろうね。でも、あたしのところは大学生ぐらいのときで終わったかな。楽しかったよ。秋の終わり、もう冬が始まるころの、とっても楽しい一夜でした。

■七五三

十三参りなんていうのがありますが、これは上方の七五三です。江戸では、もともと十三参りはほとんどありませんでした。

まず三歳になると、男の子も女の子も産土神に参詣《さんけい》して、この日から髪を伸ばし始めるという「髪置」の儀式をやります。それから、男の子は五歳になると「袴着《はかまぎ》」といって、初めて袴を穿く。女の子は七歳になったら「帯解」の儀式というのがある。女の子が三歳のときにしてるのは、帯じゃないのよ。ちゃんとした帯を結んでいないんです。七歳になって、初めて結ぶ。成人の儀式です。

で、ほんとうは七五三には着飾った娘を肩に担いで、神社に乗り込まなきゃいけないんだ。ただ、七五三は本来武家のものだから、庶民に定着するのは明治になってからですけどね。

■歌舞伎の顔見世

歌舞伎の顔見世って、京都の方だと十二月になるんですけども、江戸の顔見世は十一月です。まずこれからの一年間の座組みをする。これからの一年間は、こんなメンバーでやりますよというお披露目が顔見世。「だれとだれがやるんだってよ、待ってましたの組み合わせだね」なんて言ってね。で、十一月に組んで最初にやるのがお目見え興行です。

一月は初春興行。初春狂言というものになると、二月のところでもふれたけど、ほとんどが曾我物をやる。三月になると弥生狂言ね。奥女中物がいっぱい出てくる。奥女中お宿下がりの季節だからね。

それから五月は皐月《さつき》興行があります。これは仇討ち物が多い。七月の夏狂言は水にちなんだものね。弥次喜多なんかの納涼歌舞伎もある。九月には秋狂言が行われて、これも仇討ち物が入る。

そんなふうに一年、十二ヵ月の演目が決まっているんですね。だから、「何月に団菊がいっしょにやるの？」とか、「上方のあの役者がいっしょに出るの？　楽しみだねえ」なんて、町の噂《うわさ》になるんです。

■お酉《とり》様と吉原

お酉様がいちばんにぎわったのは、最初は葛飾花又村。今の足立区花畑の大鷲《おおとり》神社です。この花又村は江戸からそこそこ離れてるんで、日帰りコースとしてはいいんだろうね。歩いていく人がいたり、隅田川から舟に乗っていくなんていう人もいる。

このころはもう寒いんだ。枯れ葉が舞うあぜ道みたいなところには霜柱も立つ。履いてる足袋なんか冷たくなっちゃうぐらい。あたしたちが子供のころは、上からどてらみたいなのを着せられたり、襟巻きでほっかむりして、足踏みしながら行ったもんですよ。景色は寂しいしね、畑やなんかがあるばっかりだ。江戸の人間にすりゃ、とんでもねえ田舎まで来たなと思うような景色ですよ。途中でタンチョウヅルなんかが見られたっていうんだからね。もちろんあたしのころはいませんよ。

そんな田園風景そのまんまみたいなところをどんどん歩いていって、お酉様が近くなってくると、ちょっとにぎやかなところに出る。そこではざるを売ってたり、鉄鍋だとか、鍬《くわ》や鋤《すき》なんかの鉄物、小間物も古着も売ってる。それから、川魚に柚子、柿、金柑《きんかん》。とうもろこしの餅なんかもある。農村なりの盛り場だね。それを通り過ぎると、竹の大熊手だとか、やつがしらなんかも売ってる。あのあたりの農村でも、芋というのはおめでたいときに食べるものという意識があるから、縁起物なんですよ。だから、買う人が結構いるんだね。

今でも浅草のお酉様ではやつがしらを売ってるでしょう。やつがしらって、孫芋から種芋ができるんですよ。子孫繁栄なの。だからあたしたちはよく、笹に刺したやつを担いで買ってきましたよ。

それでいよいよ花又村のお酉様、酉の市になる。酉の市では、熊手に、おかめの面だとか宝船だとか千両箱だとかいろいろなものがくっついて、いかにもといった縁起物を売っている。

実は、このあたりは博打がたいへん盛んだったんです。もともと闘鶏が有名で、そこから博打が始まるんだけど、江戸から離れてるんで、ここまで来ればお上《かみ》が捕まえに来ないだろうということで、どんどん流行っていったんだね。しかも縁起物がずーっと並んでて、それは農業としてのお供え物の意味もあるし、正月の縁起のために買って帰るものもあるわけだ。これだけ縁起のいいものがあるんだから、そこに博打があったら一攫千金《いっかくせんきん》ねらうじゃねえか。だから、この花又のお酉様はたいへんな人気が出て、人がいっぱい集まるような行事になっていったわけ。

ところが一七七三年（安永二）に博打が禁止になる。その途端に、この花又の酉の市は急に人気がなくなるんです。博打ができないならもうちょっと近くで、ってことになると、千束田んぼの先に浅草のお酉様があるよ、すぐそばには吉原という観音様がいっぱいいるところもあるよ、と。この吉原がまた、お酉様のときだけ、普段は開けない西門まで開けちゃうからたいへんだ。人がいっぱい集まる、江戸一番の酉の市になったんだね。

あたしたちが子供のころは、浅草からお酉様に行くときに、ひさご通りを抜けて千束通りへ行って、途中から斜めに行くと吉原があった。「角海老《かどえび》」なんていう遊廓が京町にまだありましたよ。昭和三十三年三月三十一日に廓がなくなるんだけども、あたしは二十三年生まれだから、これを見てる。

おやじに「お西様行こうね」って連れていかれて、この日だけ開いている西門から入っていく。つまり、京町一丁目と二丁目の真ん中を入って仲之町を通るわけだ。そして大門側からお西様に向かったんです。ということは、まだ十歳に満たない子供が、遊廓をずっと歩いていくんだね。これはとんでもないことでしょう。

そのときは、もちろん張り店はないから、格子の向こうに遊女が座ってるわけじゃないよ、写真が並んでるだけ。普通、額に入った写真っていうのは死んじゃった人じゃない。あら、この家の人はみんな若くして死んじゃったんだな、と思ってたんだけど、そうじゃないんだな。

今にしてみれば、もっとよく見ておけばよかったと思うんだけどね。あたしと同い年の人でも、たぶん最後の吉原を見たことないっていう人は多いと思う。

で、そこには射的屋もあるし、ボールを投げて積み木みたいなものを崩したりするような遊びもあった。こんなものがなんで東京にあるんだろう。花やしきなら別だよ。でも、普通は、箱根の温泉なんかにしかないと思うじゃない。これがある町ってなんだろうと思ったね。

この浅草のお酉様、歴史上いちばん人出が多かったのが、昭和三十二年のときですよ。吉原の営業停止は昭和三十三年の三月三十一日でしょう。まあ、お参りと吉原のどっちを目的に集まったのかはあやしいけどね。

そんなわけで、浅草が江戸一番の酉の市ということになるわけですが、浅草の鷲《おおとり》神社では酉年に早く行くと、その年だけ受けられるものがあります。入り口のところに大幟《おおのぼり》が立ってるんだけど、その幟を十二年にいっぺん替えるんです。その幟を切ってお守りにした勝幟守というものを授けてくれる。諸願成就だからね、たいへんなもんだよ。

一の酉の太鼓が午前十二時とともに鳴る。それと

浅草・鷲神社の勝幟守
中に切った幟のお守りが入っている（左図）

同時にお参りする。十二時前にお参りするとだめなんです。子・丑・寅・卯・辰・巳・午・未・申・酉・戌・亥で、酉の前は「申」でしょ。せっかくの福が「去る」んですよ。で、お酉様が終わってからだと「戌」で、今度は神様が居なくなっちゃうの。そこに「居ぬ」になっちゃう。だから、ちゃんと酉の市のときに行かなくちゃいけないんです。でもこれ、早い者勝ちだから、知らないことにしておきたいような気持ちもあるんだな。

酉の市は、もちろん浅草以外にもいろんなところにいっぱいあるんだけれども、ここまですごいのはあんまりないでしょうね。古い都々逸に「笑うおかめが縁起の熊手　江戸も名残の酉の市」なんていうのがあるのね。いい文句でしょ。江戸の名残なんですよ。そういう風情がある。花畑のお酉様も、一度ご覧になるといいですよ。熊手もたいへん素朴で、なかなかいいもんです。

■千躰荒神祭

お酉様と同時に、十一月の二十七、二十八日っていうのは、品川の海雲寺の千躰荒神祭です。この荒神様っていうのは台所のあたりに小さな棚をつくって、そこに小さなお宮を祀って火災よけを願うんだけど、大根締めといわれる大きいしめなわとは別に、小さな荒神様のしめなわをつるすのね。で、海雲寺に荒神様のお札をいただきに行くんです。

ここもたいへんな人出で、境内にはいろんな露店が出るんだけど、浅草あたりのとは違って不思議なものが出る。今だと屋台って、焼きそばとかお好み焼きとかだったりするじゃない。もちろん、そういうのもあるんだけど、漬物があったり、物産品みたいなものや、風邪に良さそうな飴だとか、昔なつかしいもの、クラシックなものがいっぱい出てる。テキ屋さんがやっているのとは違うものがいろいろあって楽しいですよ。へぇー、こんなものも売ってるんだ、っていうものに出くわしますよ。

こういうのを見ると、荒神様も江戸の名残だなあという感じがするんだね。お酉様と荒神様、この二つは必ず行かなきゃならない。

荒神様の神棚

十二月

■煤《すす》払い

十二月十三日は煤払いの日。煤掃きともいいます。これはあくまでも、煤でなきゃいけない。だから、埃《ほこり》を払って煤払いだと思わないでください。煤というのは、竈やいろりや、ろうそくだとか、なにか焼いたり燃えた後につく、黒いものです。埃じゃありません。

蚊やりなんかもそう。夏の蚊やりって、今みたいに蚊取り線香じゃないですからね。青葉やなんかを燃やすんです。そうすると、煤が出るでしょう。

で、煤払いの後には、みんなで蕎麦を食べて、必ずいちばんの新人を胴上げする。商人のところなら新人の丁稚、御殿女中でもいちばん新しく入った女中が胴上げされる。煤払いの絵を見ると、必ず胴上げしています。これは、新人というのはどこになにがあるかわからないもんだから、どうも役に立たない。あいつは大掃除でなんの役にも立たなかったね、っていうことで、胴上げしてこわい思いをさせたんじゃねえか、っていう説もある。

この十二月十三日の寒い日に、赤穂浪士の大高源吾が「笹や、笹」って、煤竹売りをやってまわる。すると宝井其角に会って「そこにいるのは子葉」と声をかけられる。子葉というのは大高源吾の俳号ね。其角は源吾の俳句の師匠だから。で、源吾は「そうです」と答える。侍の大高源吾が、この寒空に薄物の半纏に草履履きでほっかむりして笹を売っている。なんと人は変わるものか、惨めなものだということで、宝井其角は「年の瀬や水の流れと人の身は」という上の句を詠む。すると大高源吾が「明日《あした》待たるるその宝船」と詠む。宝井其角は、その意味がよくわからないまま去っていく。

そして松浦公のところへ行って、さっき大高源吾が詠んだ下の句の意味はなんだろうと話していると、そこに山鹿流の陣太鼓が聞こえてくるわけだ。松浦公の屋敷のすぐ隣は吉良上野介の屋敷。つまり、討ち入りということですよ。歌の意味がよくわかった。そこで松浦公は紋の入った高張提灯を出して吉良邸内を明るくして、赤穂浪士たちの味方をするわけだ。すると、大高源吾が松浦公の屋敷に駆けつけ、「見事、討ち入り成功しました」と報告するんだね。

これは「松浦の太鼓」というお芝居ですが、大高源吾が売っていた笹というのは、煤払いの笹。煤は長い竹笹で払うんです。

「商家煤掃」
『東都歳事記』より（提供：江東区深川江戸資料館）
右上では、胴上げが行われている。左下では、煤竹で煤を払っている姿が見える。

清沈帰愚國朝詩
別裁
掃塵行　張自鋁
掃塵練日臘二七細
竹長竿風捲疾歲々
荒村守澈廬家々淨
掃迎新吉掃過尾椽
及四圍氈中之塵凝
不飛朝來坐曝茅檐
下垢面相逢猶苦飢
和漢風俗訛
同うすゝも
如かし

あたしたちが子供のころは、十二月十三日の日には、町中が大掃除をやってました。うちの近所全部が大掃除。畳も外へ持ち出して、畳と畳を背中合わせに入山形に立てて、棒でもってパンパンたたく。その後、お茶の出しがらをまいてからほうきで掃いて、雑巾で丁寧に拭くんです。もう埃だらけ。畳を敷く前にＤＤＴやなにかをまいて新聞紙を敷き、その上に畳を敷くんだよ。みんなそろって、手ぬぐいでほっかむりをして、それでもう、家中のものをピカピカに磨く。もちろん、我々の時代には、その後の胴上げはやらなかったけども、十二月十三日以降はどこの家へ行ったって、それは見事にピカピカになっていましたよ。

この習慣が、今はもうなくなっちゃった。たとえば、うちだけでパンパン畳をたたいてたら、隣近所から怒られるわな。あれは、一斉にやらないと怒られるものになったんだよ。昔は大掃除のときにやらないと、あの家はおかしいねって言われたのが反対になっちゃった。時代が変わると、そういうものまで変わってしまうというのが、実にさびしいな。

だって、いってみりゃあ、昔の井戸さらいは全部の町がやったわけでしょ。全部がやらないときれいにならないわけだから。それと同じことが、その大掃除にもいえるんじゃないか。そういう思いが、今あります。

ちなみに、京都の祇園町の舞妓や芸妓にとってこの日は「事始めの日」です。あたしたちにとっての事始めは、正月になってからなにかを始める日でしょ。そうじゃなくて、正月の準備を始める日。それを祇園町では事始めといって、以前だったら、この日に井上流の井上八千代さんのところへご挨拶に行く。「おきばりやす」かなんか言われてから、お歳暮配りが始まるんです。

■歳の市と正月飾り

「歳の市」は、今でいう羽子板市ですが、昔は正月のための準備の市ですから、それこそ、荒神様も大神宮様のお札も売っていて、縁起物の鉢植えの南天や、正月の飾り物、屠蘇飾りとか屠蘇を入れる杯や重箱も売ってる。そのうちの一つとして羽子板もあったんだね。正月のものは、ここへ来ると全部間に合った。

歳の市の中でも、浅草の市は、もう江戸の中で一番人気ですね。当時の絵で見ると、人の頭の上にまた人が乗るような、信じられないくらいのにぎわいですよ。

これが行われるのが、十二月の十七、十八、十九日。しかも、毎月十八日が観音様の御縁日ということで、この日は「納めの観音」、観音参りの一年の納めの日でもあるんです。そりゃあ、納めの日に初春の準備をしようと、たいへんな人出ですよ。

正月飾りは、たいがい鳶が売っている。鳶がこの正月飾りを仕入れるところというのが、観音裏の「ガサ市」です。笹だのなんだのがガサガサいうからガサ市っていうんだけど、ここでは素人は買えません。海老の塩漬けだとか昆布の塩漬けだとかがあって、そばを通ると潮の匂いがするんだよ。それが、なんともいえずいいんです。年の瀬だな、っていう感じなんだな。周りで焚き火なんかしながらね。

で、いよいよ鳶から正月飾りを買う。あるいは飾りに来てもらう。家の前に門松を立ててもらったりするじゃない。これをするのは十二月の二十八日。この日がベストです。翌日の二十九日は「苦日飾り」といって、縁起が悪いの。で、二十八日にどうしても間に合わなかった人は三十日。大晦日は「一夜飾り」といって、また縁起が悪くなっちゃう。鳶は大晦日は仕事をしていないでしょう。

うちはずっと新門にやってもらっています。新門辰五郎って知ってるでしょ。徳川家の最後の将軍、慶喜公《よしのぶ》についていた鳶が新門です。豆辰といわれて、背は小さかったんだけど、最も威勢が良くて、浅草寺と浅草神社の仕事を任されていた鳶ですよ。遠征するとずっとわきについてた。将軍のわきにずっとついてた鳶って珍しいでしょう。

その新門辰五郎の七代目が、うちの正月飾りは、お供え飾りまで全部やっています。

■冬至祭りと除夜の鐘

毎年、冬至は十二月の二十二日ごろでしょう。一年でいちばん夜が長くて、昼が短い日。この日には、早稲田の穴八幡宮で「冬至祭」がある。一陽来復のお守りを受けに行くんだけど、これがもうたいへんな人出。夜が明けきらぬうちに行ったはずなのに、二時間、三時間待ちはあたりまえ。これを大晦日の除夜の鐘と同時に、その年ごとに決められた方角に向けて貼らなきゃいけない。

あたしのうちでは、おやじの時代はあたしが貼ってました。おやじは鐘つきに行くからね。浅草寺の鐘は「百八会」の会員がつくことになっていて、この会はだいたい家長が入っているんです。だから、今はあたしがつきに行くんで、倅《せがれ》がお守りを貼ったりするんだけど。

で、この鐘つきですが、我が家はおやじのころから百七番をつくことに決まっています。子供のころ、「なんで百七番なの？　百八番のほうがいいんじゃないの？」って言ったら、「百八じゃ、あとに金（鐘）が残らないだろう」と言うんです。「だいたい金なんてものは現金（げんなま）というくらいだから、生ものなんだよ、生ものは貯めると腐るんだ。だから、金は貯めちゃいけない。ちょこっと残すぐらいでいいんだよ」って。

だから、今でも鐘を一つだけ残そうということで、あたしは百七番をついているんです。

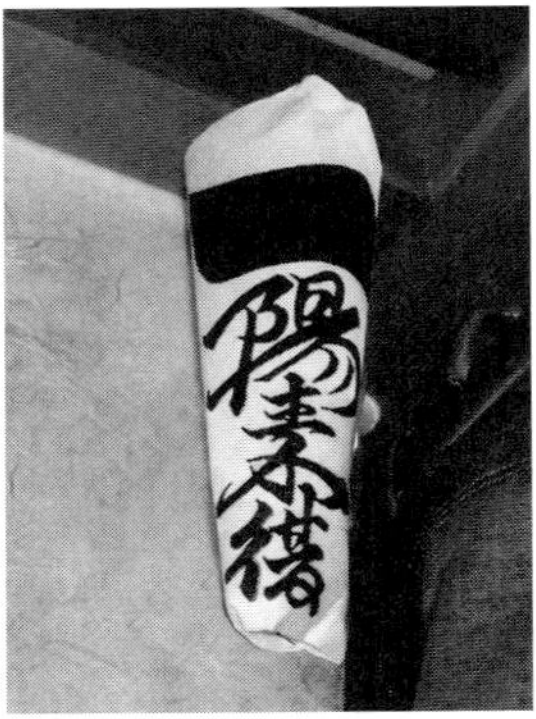

一陽来復
文扇堂仲見世店に貼られているもの

■冬の食べ物

江戸のものじゃないかもしれないけど、牡蠣《かき》の土手鍋なんかは、江戸では冬に結構食べます。それから軍鶏《しゃも》鍋。あたしは両国の「ぼうず志やも」という店に行くんだけどね。昔、そこのおやじは喧嘩《けんか》の仲裁をするのが趣味だったんだけど、あるとき、どうしても喧嘩している二人が、二人ともいうことを聞かない。そこで「よしわかった。おれは髷《まげ》を落として坊主になるから、それに免じておまえら手を引け」と言ったところから、この名前になったといわれています。まあ、実に江戸前ですよ。甘辛で。

小鍋立てなんていうと、いかにも江戸という感じがするけど、お流儀が違うというか、やる人によって中身が微妙に違ったりする。大きな鍋じゃなくて、小さな鍋に一種類ずつ具を入れて、食べては空にして次の具を入れるというところは共通だと思いますけどね。小さな鍋でみんなでつついて、いろんなものを食べながら一杯やるなんて、いいよね。暮れになるとあたしもやりたくなりますよ。

それと、土手の蹴飛《けと》ばしなんていうのもある。土手というのは、吉原のことですよ。あそこは堤になっていたでしょ。で、吉原大門のそばに蹴飛ばし（馬肉）屋があった。「土手で蹴飛ばし食って吉原繰り込《なか》もうぜ」なんて連中がいたりするわけだ。「土手の蹴飛ばし駒形どじょう　男同士は色気抜き」なんていう文句があるぐらいでね、駒形どじょうも男同士で行くもんですね。それで夕べの首尾を語り合ったりね。「どうだったおまえのほうは」、「あっという間にいなくなって帰ってこなかったよ」、「おれのほうはちょっとはばかり、なんて言ったまんま朝まで帰ってこなかった」なんてね。

どじょう屋は、冬になるとなまず鍋も出す。店の壁に「ず　始めました」なんて書いてあったら、なまずのことですよ。これはだいたい、お酉様のころから始まります。酉の市の帰りがけに、冷えた身体でそういうところに行く。これはたまらないね。

それから年越し蕎麦。これは飾り職人が、飾りつけが終わったあとに、打った蕎麦で部屋中に飛び散った金のかけらや粉を集めた、というのがあったらしい。「細く長く生きる」なんて説もありますけどね。

おわりに

　あたしの初めての本『江戸のセンス』（集英社刊）は、あたしが仕事や人生で身につけたことを語ったものでしたが、今回はあたしがまだ子供のころから、祖父祖母をはじめ、大叔母、両親、近所のおじさんおばさん、老舗の旦那衆から職人さん、芸者衆から芸人さんなど、多くの明治生まれの方々からせっせと聞きためていたことを、自分の財産だという思いでお話ししました。

「昔はこんなこともやっていたけど、いつの間にかやらなくなっちゃったね」というこれまで教わった話の数々を、いよいよあたし自身も聞かれる側になってきたようで、出版社に勧められるまま、せかされながらもやっと出版に漕ぎ着けた喜びと、もう忘れても大丈夫という安心感にほっとしています。

　江戸の匂いのする歳時記といっても、役者さんが書いたものや、新吉原に生まれ育った松葉屋の女将さんである福田利子さんが書いた『吉原はこんな所でございました』（社会思想社刊）などは、個性豊かな世界なので、そのような歳時記に倣って生活してみることはなかなかできません。けれども、あたしの歳時記は現代の人たちにもやってみてもらえるような気がして、「どうです、この季節にはこんなことをやってみませんか」と提案したかったのです。

史実と違うじゃないか、と思われる方もいらっしゃるかもしれませんが、あくまでもあたしが先輩たちから聞いた話ですので、ご容赦いただければ幸いです。

昔からの歳時記は、一人でも多くの人に体感してもらうことにより生き返るものだと思います。皆さんも、この本の中の一つでも二つでもやってみてください。

ちょっとだけ江戸人てぇのも、良いと思います。

荒井　修

荒井　修（あらい　おさむ）

一九四八年東京、浅草生まれ。荒井文扇堂四代目社長。桑沢デザイン研究所講師。日本大学芸術学部卒業。舞扇の老舗として、坂東玉三郎、中村勘三郎を始め、歌舞伎界や舞踊界、落語界に大勢の御贔屓を持つ。いとうせいこうとの共著に『江戸のセンス』（集英社新書）。

江戸《えど》・東京《とうきょう》　下町《したまち》の歳時記《さいじき》

集英社新書〇五七〇D

二〇一〇年一二月二二日　第一刷発行

著者……荒井《あらい》　修《おさむ》

発行者……館　孝太郎

発行所……株式会社集英社

東京都千代田区一ツ橋二-五-一〇　郵便番号一〇一-八〇五〇

電話　〇三-三二三〇-六三九一（編集部）

〇三-三二三〇-六三九三（販売部）

〇三-三二三〇-六〇八〇（読者係）

装幀……原　研哉

印刷所……大日本印刷株式会社　凸版印刷株式会社

製本所……株式会社ブックアート

定価はカバーに表示してあります。

ISBN 978-4-08-720570-1 C0221

Printed in Japan

a pilot of wisdom

a pilot of wisdom

集英社新書　好評既刊

電線一本で世界を救う
山下 博　0560-G

自作の電線を自動車の内部配線に応用することを開発した著者。自然環境保全への可能性にも言及する。

必生《ひっせい》 闘う仏教
佐々井秀嶺　0561-C

インドで復興しつつある仏教。その指導者は日本人僧侶だった！ 波瀾万丈の半生と菩薩道を語り下ろす。

外国語の壁は理系思考で壊す
杉本大一郎　0562-E

日本を代表する宇宙物理学者が新しく提唱する、「理系のアプローチ」による画期的な外国語の修得法。

食卓は学校である
玉村豊男　0563-H

日本人が食事にかける時間は圧倒的に短い！ 著者のライフワークである「食」の大切さを振り返る一冊。

美術館をめぐる対話
西沢立衛　0564-F

金沢21世紀美術館設計の著者が青木淳、平野啓一郎、南條史生、オラファー・エリアソン、妹島和世と対談。

上手な逝き方
嵐山光三郎／大村英昭　0565-C

年をとることが恐ろしい時代に考える、上手に生きて、逝くための死後のイメージトレーニングのすすめ。

韓国人の作法
金栄勲　金順姫訳　0566-C

韓国人は、なぜ誕生日にワカメのスープを飲むのか？ 文化やメンタリティに関する64の意外な常識を解説。

教えない教え
権藤 博　0567-B

「無理せず、急がず、はみださず」。監督、コーチとして多くの才能を引き出した権藤流の人材開花術を伝授。

超マクロ展望 世界経済の真実
水野和夫／萱野稔人　0568-A

第一級のエコノミストと哲学者が、経済学者には見えない世界経済の本質を読みとく意欲的な対論。

携帯電磁波の人体影響
矢部 武　0569-B

世界各国で、携帯電話の健康被害を懸念する声が高まっている。日本ではあまり知られていない実情を探る。